历史的丰碑丛书

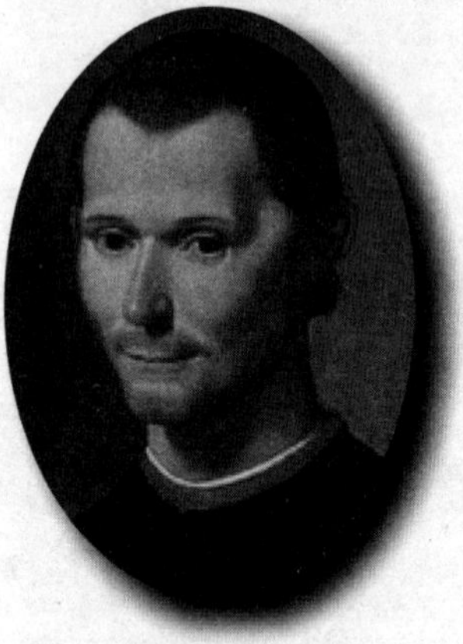

思想家卷

现实主义的思想先驱
马基雅维里

韩冬雪　编著

吉林人民出版社

图书在版编目(CIP)数据

现实主义的思想先驱——马基雅维里 / 韩冬雪编著.
-- 长春：吉林人民出版社，2011.4（2021.8 重印）
（历史的丰碑丛书）
ISBN 978-7-206-07614-5

Ⅰ.①现… Ⅱ.①韩… Ⅲ.①马基雅维里，N.
（1469～1527）—生平事迹—青年读物②马基雅维里，
N.（1469～1527）—生平事迹—少年读物 Ⅳ.
① K835.465.1-49

中国版本图书馆 CIP 数据核字 (2011) 第 037558 号

现实主义的思想先驱 马基雅维里
XIANSHI ZHUYI DE SIXIANG XIANQU MAJIYAWEILI

编　　著：韩冬雪
责任编辑：门雄甲　　　　封面设计：孙浩瀚
制　　作：吉林人民出版社图文设计印务中心
吉林人民出版社出版 发行（长春市人民大街7548号 邮政编码:130022）
印　　刷：北京一鑫印务有限责任公司
开　　本：787mm×1092mm　1/16
印　　张：8　　　　字　　数：72千字
标准书号：ISBN 978-7-206-07614-5
版　　次：2011年4月第1版　　印　　次：2021年8月第2次印刷
定　　价：35.00 元

如发现印装质量问题，影响阅读，请与出版社联系调换。

编者的话

"欲知大道，必先为史"。

回溯人类的足迹，人们首先看到的总是那些在其各自背景和时点上标志着社会高度和进步里程的伟大人物。他们是历史的丰碑，是后世之鉴。

黑格尔说："无疑，一个时代的杰出个人是特性，一般说来，就反映了这个时代的总的精神。"普希金说："跟随伟大人物的思想是一门引人入胜的科学。"

以史为鉴，面向未来。作为21世纪的继往开来者，我们觉得，在知史基础上具有宽广的知识结构、开阔的胸襟和敏锐的洞察力应是首要的素质要求，而在历史的大背景

◆ 历史的丰碑丛书

中追寻丰碑人物的思想、风范和足迹，应是知史的捷径。

考虑到现代人时间的宝贵，我们期盼以尽量精短的篇幅容纳尽量丰富的信息，展现尽量宏大的历史画卷和历史规律。为此，我们编撰了这套丛书。

编撰丛书的过程，也是纵览历代风云、伴随伟人心路、吸收历史营养的过程。沉心于书页，我们随处感受着各历史时期伟大人物所体现的推动历史进步的人类征服力量。我们随着伟人命运及事业的坎坷与辉煌而悲喜，为他们思想的深邃精湛、行为的大气脱俗而会意感慨、拍案叫绝。

然而，在思想开始远游和精神获得享受的同时，我们也随之感受到历史脚步的沉重

编者的话

和历史过程的曲折。社会每前进一步都是艰难的，都伴随着巨大的痛苦和付出。历史的伟大在于它最终走向进步，最终在血污中诞生了鲜活的"婴孩"。

历史有继承性和局限性，不能凭空创造。伟人也有血肉，他们的思想、行为因此注定了同样具有历史的局限性和阶级的、时代的烙印；他们的功业建立于千千万万广大人民群众伟大创造的基础上。历史是人民群众创造的，伟大的人物们是历史和时代造就的。同时，我们也无法否定此间他们个人的努力。这也正是我们编撰这套丛书的目的。

我们期盼着这套丛书得到社会的认同，对读者，特别是青少年读者之历史感、成就感和使命感的培养有所裨益。史海浩瀚，群

◆ 历史的丰碑丛书

星璀璨。我们以对广大青少年读者负责的精神，精心遴选，以助力青少年成长进步，集结出版了《历史的丰碑》系列丛书，敬请读者批评、指正。

历史的丰碑丛书

编委会

策　划：胡维革　吴铁光
　　　　 林　巍　冯子龙

主　编：胡维革　邢万生

副主编：贾淑文　谷艳秋

编　委：（按姓氏笔画为序）
　　　　 于二辉　刘士琳
　　　　 刘文辉　孙建军
　　　　 李艳萍　吴兰萍
　　　　 杨九屺　隋　军

在人类社会从中世纪进入近代的转折时期，曾经有一位向传统的政治观念发出挑战，并大胆地剥下了以往蒙在舞台之上的虚伪的道德面纱的思想家——尼柯拉·马基雅维里。他在总结人类社会实际的政治生活经验之基础上，著述了闻名于后世的《君主论》。

在人类政治思想史的发展过程中，这本书标志着一个重要的转折。从某种意义来说，它已经成为近代人类社会政治模式的理论根据之一。然而，作者在自己的有生之年，却并没有看到这本书的公开出版，更不会想到这本书居然会在他的身后产生如此之大的影响。经过短暂的58年生涯，他在完全绝望的心境中告别了这个世界。尽管他生前并没有获得社会的青睐，但命运却在他的身后，使他成为了具有划时代意义的思想人物。

目　录

将政治与伦理区分开　　　　　　　　　◎ 001

童年和青年时代　　　　　　　　　　　◎ 007

外交生涯中的观察与思考　　　　　　　◎ 019

官场失意后的隐居生活　　　　　　　　◎ 031

晚年的生活和最后的厄运　　　　　　　◎ 042

马基雅维里和他的《君主论》　　　　　◎ 052

近代人文主义运动和马基雅维里的历史地位　◎ 062

现实主义的历史功过　　　　　　　　　◎ 079

马基雅维里和近代政治思想史上的革命　◎ 089

在理想与现实的冲突之间　　　　　　　◎ 106

历史的丰碑丛书

现实主义的思想先驱　**马基雅维里**

将政治与伦理区分开

> 从近代马基雅维里……以及近代的其他许多思想家谈起，权力都是作为法的基础的，由此，政治的理论观念摆脱了道德，所剩下的是独立地研究政治的主张，其他没有别的了。
>
> ——马克思

在人类思想史上，马基雅维里是一个独具特色的，也是争议最多的人物之一。古往今来，许多政治家虽然在表面上都对他表示不屑一顾，但在内心里却对他顶礼膜拜，并将他的著作奉为经典。

→基辛格

曾经以卓越的外交才能活跃在国际政治舞台上的美国前国务卿基辛格，就深受马基雅维里学说的影响。然而，当他在接受记者的采访并被问到"您信奉马基雅维里主义吗？"，他却立即神经质般地加以否认："不！完全不是！"

←马基雅维里

而当记者进一步追问:"难道您没有受到过马基雅维里的影响吗?"他则完全地否定说"没有!一点也没有!"然而,众所周知,基辛格所奉行的以国家间的力量均衡为原则的现实主义外交政策,其政策基础正是源于马基雅维里的政治学说。而且,现实主义政治原则又是近代以来各资本主义国家外交政策的基石。

既然马基雅维里的学说对后世的政治生活具有如此深远的影响，但他为什么又使政治家们都如此地讳莫如深呢？

对马基雅维里稍有了解的人，恐怕都会知道他所提出那一骇世的惊人之言。在人类思想史上，他第一次大胆地宣称，在政治活动中，如果要想取得和巩固权力，则必须要不顾道德信念，要像狮子一样的凶猛和像狐狸一样的狡猾。马基雅维里在政治思想史上之所以恶名昭彰，恐怕与他的这一理论提法有着很大的关系。但是，当我们深入考察人类社会资本主义之前人们在追逐政治权力过程中的种种事实时，恐怕又不得不发出同感于马基雅维里的慨叹。人类以往政治生活中种种争夺权力的残酷而龌龊的现实，也许正从一个侧面印证了人性中狡诈和残忍的一面，并也证明了马基雅维里的话决非一派胡言。

马基雅维里曾宣称，他是在对人类政治生活进行实证观察的基础上，才得出了上述结论的，并指出这就是人类政治活动的客观规律。在人类思想史上，马基雅维里是第一个坦率地道出人类政治行为的非道德性的思想家，并由此而遭到了种种的非议。然而，他的著作却被后世奉为经典，并且在社会各界引起了广泛而强烈的反响。他的《君主论》一书，在20世纪80

年代已被西方各国舆论界列为当代最有影响的世界十大名著之一。马基雅维里的著作在各国不断地被再版，研究他的生平和思想的书籍也绵绵不绝。

那么，一个在历史上留下了恶名的思想家，为什么又会引起人们如此之大的兴趣？一个在道德上遭到人们种种非议的思想家的著作，为何却又在现实生活中被人们视为经典？马基雅维里的这种戏剧性的命运，实际上正表明了他所认知的人类社会生活中所蕴含的一个悖论——人类的理想和现实之间的冲突的悖论。当我们今天来考察马基雅维里的经历和他在人类思想史上所处的位置时，也正应该从这个视角来开始。

← 《君主论》书影

相关链接

强权政治理论

马基雅维里是中世纪晚期意大利新兴资产阶级的代表，主张结束意大利在政治上的分裂状态，建立强大的中央集权国家。他抛弃了中世纪经院哲学和教条式的推理方法，不再从《圣经》和上帝出发，而是从人性出发，以历史事实和个人经验为依据来研究社会政治问题。他把政治学当做一门实践学科，将政治和伦理区分开，把国家看

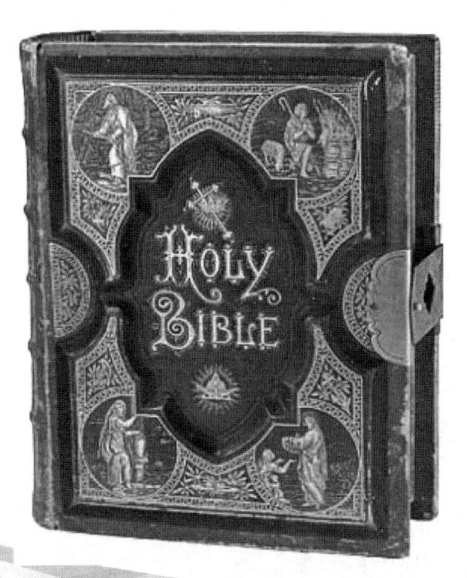

← 《圣经》

意大利佛罗伦萨

做纯粹的权力组织。他的国家学说以性恶论为基础，认为人是自私的，追求权力、名誉、财富是人的本性，因此人与人之间经常发生激烈斗争，为防止人类无休止的争斗，国家应运而生，颁布刑律，约束邪恶，建立秩序。马基雅维里谈到了两种国家形式，君主制和共和制，它们均有自身各自优势，适合不同时期，而以一种什么样的国家形式去实现这种权力，要视具体情况而定。马基雅维里说，在人民习惯于平等的地方宜建立共和制政府，对于他所处时代的佛罗伦萨来说，最好的政体就是共和制。

现实主义的思想先驱　**马基雅维里**

童年和青年时代

> 名誉和荣耀是人生的最高目标。
> ——《君主论》

> 爱的思念会歌唱，认识的思念会说话，愿望的思念会低语，贫困的思念会哭泣，但还有另一种思念，比爱更深沉，比知识更有用，比愿望更强烈，比贫困更悲惨。她没有声音，她不会说话，但她的眼睛像星星一样闪闪发光。
> ——纪伯伦

→《君主论》书影（英文版）

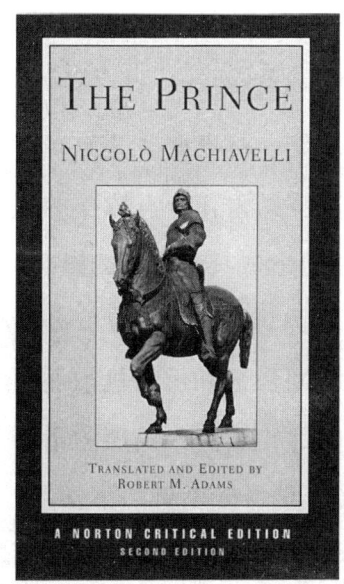

1469年5月3日，马基雅维里出生于意大利佛罗伦萨的一个没落的贵族世家。他的家族在当地曾经是显赫一时的豪门显贵，家族中有许多人都曾经在政府中担任过重要的官职。但在他来到这个世界上时，家境已经衰落，父亲贝尔纳多（法学博士）由于无力偿还债务而被

思想家卷　007

← 文艺复兴时期的意大利

解除了政府的公职，只好靠做律师来养家度日。

由于家境清贫，马基雅维里不能像其他贵族子弟那样就学于一流的学校，而只好求教于不出名的教师。但是，父亲贝尔纳多却非常关注马基雅维里的教育，尽自己的一切努力来为他的学习创造条件。

贝尔纳多爱好研究古典著作，热衷于文艺复兴时期的人文主义思想，并对西塞罗的著作怀有浓厚的兴趣，这对马基雅维里后来的思想形成具有深刻的影响。

马基雅维里天资聪颖，智力过人。他从7岁开始正式学习拉丁文以来，就以博闻强记和反应机敏而引起了周围人们的赞叹。12岁时，他在父亲的努力下转入当时最有名的人文学科教师罗西格里奥门下学习。贝尔纳多曾经在1481年11月的日记中充满喜悦地写

现实主义的思想先驱　**马基雅维里**

道："尼柯拉现在已经会用拉丁文写文章了。"

在这一段时间里，马基雅维里学习十分刻苦，他拼命地汲取各方面的人文知识，并逐渐形成了自己对事物进行深入观察和独立思考的特点。尔后，马基雅维里进入佛罗伦萨大学完成了自己的学业。

←青年时期的马基雅维里

经过这一段时间的刻苦学习，马基雅维里熟练地掌握了拉丁文和意大利的古典文学、史学知识，尤其是熟悉了古罗马共和国的政治制度和西塞罗等人的政治哲学思想和论辩，这为他日后自由主义思想的形成奠定了初步的基础。

当时的意大利正处于文艺复兴的高峰时期，经济发达，文化繁荣。但是，它在政治方面却处于相当落后的局面。法国和西班牙等欧洲大陆国家在15世纪末就已经完成了国家的统一，而意大利却仍然四分五裂。各自割据一方的米兰、威尼斯、佛罗伦萨、那不勒斯

和教皇领地以及其他的一些小的领地之间相互争权夺利，战争连绵不断。统治者们为了击败自己的政敌而常常引狼入室，勾结外国势力，企图借助于他人的力量来达到自己的目的。

当时的这种状况，严重地阻碍了意大利资本主义工商业的进一步发展，损害了意大利的民族利益。

佛罗伦萨是当时意大利工商业最发达的城市，也是人文主义者荟萃的中心。从1434年起，大银行家美第奇家族建立了贵族统治，人民怨声载道。1494年，佛罗伦萨爆发了由僧侣萨伏纳罗拉领导的反对美第奇家族暴政的起义，恢复了13世纪末建立的佛罗伦萨共和国。马基雅维里积极地参加了这次起义，并由此而

←意大利佛罗伦萨

现实主义的思想先驱 **马基雅维里**

→ 罗马共和国时期的罗马广场遗址

开始了自己的政治生涯。

马基雅维里开始是在当时任共和国第二大法官的马塞洛·维吉里奥·阿德利安尼的手下当书记。后来,在萨伏纳罗拉被罗马教廷以异端罪而杀害之后,阿德利安尼升任共和国的第一大法官,马基雅维里随即被委任为第二大法官兼秘书。当时他的工作是在掌管军事外交的"自由与和平十人委员会"的领导下,起草政府的各种文件,负责佛罗伦萨的防务并具体执行外交使命。

这些在红地毯和彬彬有礼的外交辞令的背后隐藏着刀光剑影的政治活动,使马基雅维里大开眼界,感慨良多,同时也使他积累了丰富的政治斗争经验,并为他日后的思考和写作提供了宝贵的素材。

相关链接
XIANGGUAN LIANJIE

马基雅维里的成长经历

恩格斯曾经不无羡慕地追述文艺复兴时期的意大利:"那是一个需要巨人并且诞生了巨人的时代。"对于怀才不遇者们来说,这又是一个幸运儿辈出的时代,"巨人"之所以能够成为"巨人",岂不是时代使然?

马基雅维里就是这样的幸运儿。他于1469年5月3日出生在佛罗伦萨,家中虽是贵族,但不显赫也不富有。然而幸运的是,他的父亲贝尔纳多和当时佛罗伦萨最优秀的人文主义者们关系密切,这给马基雅维里出人头地带来了可能。

当时的人文主义者认为,古希腊、特别是古罗马体现了人类文明的最高境界,即献身于国家与公共利益的品德,而这就要从精通拉丁文开始,进而通过模仿古典作家的写作风格和研习修辞术,达到获得道德教育的目标。在15世纪的佛罗伦萨,人文训练是一个人成为高级公职人员的必备条件。

在马基雅维里很小的时候,就被送到学校学

现实主义的思想先驱　**马基雅维里**

习拉丁文。他的学校教育是在佛罗伦萨大学完成的，师从阿德里安尼。1494年，美第奇家族对佛罗伦萨的统治被推翻，成立了共和国。阿德里安尼在1498年春天成为佛罗伦萨共和国第一国务秘书后不久，马基雅维里被大元老院任命为第二国务秘书，那时他才刚刚过了29岁的生日，在政府里不过是个毛头小伙子。如果没有老师的推荐，单纯凭借马基雅维里的资历，这一任命显然是不可能的。

1498年，马基雅维里出任佛罗

← 佛罗伦萨大学校徽

佛罗伦萨大学

佛罗伦萨共和国时期的韦奇奥宫

萨共和国第二国务厅的长官，兼任共和国执政委员会秘书，负责外交和国防，经常出使各国，会见过许多执掌政权的人物，成为佛罗伦萨首席执政官的心腹，他看到佛罗伦萨的雇佣军军纪松弛，极力主张建立本国的国民军。1505年，佛罗伦萨通过建立国民军的立法，成立国民军九人指挥委员会，马基雅维里担任委员会秘书，并在征服比萨的战争中，率领军队，亲临前线指挥作战，

现实主义的思想先驱　**马基雅维里**

1509年比萨投降佛罗伦萨。在神圣罗马帝国皇帝和教皇的矛盾中，马基雅维里到处出使游说，力图使其和解，避免将佛罗伦萨拖入战争，并加强武装以图自卫。但当他1511年前往比萨时，教皇的军队攻陷佛罗伦萨，废黜执政官，美第奇家族重新控制佛罗伦萨。马基雅维里丧失了一切职务。洛伦佐·美第奇成为佛罗伦萨大公。1513年，马基维亚利被投入监狱，受到严刑拷问，但最终被释放。

佛罗伦萨共和国时期修建的城市中心广场

马基雅维里所处的时代

在进入马基雅维里的思想之前，有必要先对他所处的时代有个大致的把握。萨宾曾评价说，在马基雅维里的那个时代，没有人能像他那样清晰地看出欧洲政治发展的方向。那么，欧洲当时是怎样的境况呢？又将朝什么方向发展呢？简单来说，当时的欧洲是个正在从中世纪向近代转型的欧洲，在政治上正在朝绝对君主制的方向发展。

欧洲的这次转型是深层次的，是社会的转型，它涉及到经济、政治等各个方面。在转型之前的中世纪，欧洲社会的情形可以用一个词来概括，这就是分散化。在经济上，庄园农业自不必说，就是贸易，也因交通所限而局限于地方层面。商品的运输和销售都有固定的路线和市场，这些利益牢牢地控制在城市的同业行业手中，而一个个的城市便是最大的贸易单位。在政治上，同样由于交通和信息沟通的限制，使得中央政府的治理措施无法渗透到社会的基层，结果不得不采取封建性的联邦治理模式。

然而，这一切都由于交流空间的扩大而开始

现实主义的思想先驱　**马基雅维里**

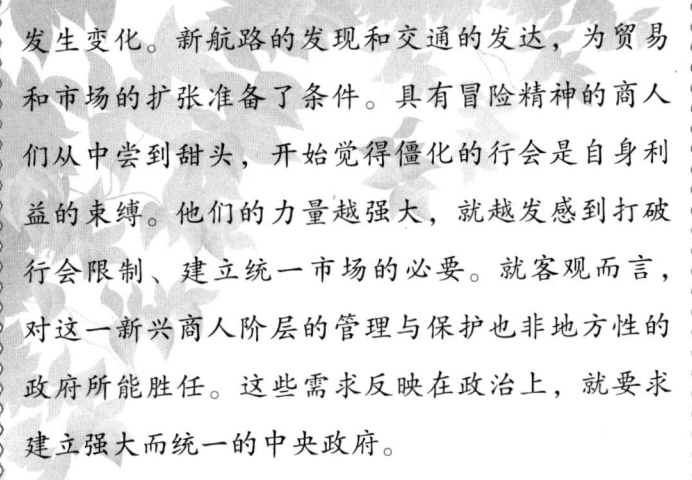

发生变化。新航路的发现和交通的发达，为贸易和市场的扩张准备了条件。具有冒险精神的商人们从中尝到甜头，开始觉得僵化的行会是自身利益的束缚。他们的力量越强大，就越发感到打破行会限制、建立统一市场的必要。就客观而言，对这一新兴商人阶层的管理与保护也非地方性的政府所能胜任。这些需求反映在政治上，就要求建立强大而统一的中央政府。

在建立秩序以后，自由与强大或许就成为政治哲学中的一对核心价值。中世纪宪政主义也许有效地限制了国王的权力，但是，却使得国家软弱无力。在当时的情形中，强大成为更迫切的追求，人们宁可生活在君主的专横之下，也不愿停留在自由的无序当中。于是，政治权力开始向国王集中，而教会、封建主、行会逐步失势，一个个强大而统一的绝对君主国开始崛起，西班牙、法国、英国……

马基雅维里是最清楚地把握了这个发展趋势的人。然而，他所深爱的意大利又是什么情形呢？可以说，意大利正处于一种让他痛心而焦急的境况，政治上四分五裂，政权更迭频仍。教皇拥有比较大的权力,但是并没有强大到结束当前的混乱局面,从而建起强大而统一的国家的程度。不过,在扼杀有能力统一意大利的人物出现这方面,教皇的力量则绰绰有余。他所做的,正是引入外敌和剿灭内乱。四围强国迭起,意大利任人宰割,这让他感到痛心,而久久不能出现统一意大利的强大君主,又让他感到焦急。

后人对于这位不同寻常的人物褒贬不一。不过,明了他所处的时代以及他心中的忧虑之后,即使还打算从道德的角度批评他,也应该在政治的层面理解他。

神圣罗马帝国皇帝

现实主义的思想先驱　**马基雅维里**

外交生涯中的观察与思考

> 判断一个真正男子汉的标准应看他是否具有高度的胆识。
>
> ——西塞罗

1496年，比萨发起了要求脱离佛罗伦萨的独立战争，战争历时4年之后，法国于1500年初，终于表示同意协助佛罗伦萨并派出一支军队围攻比萨城。但是，佛罗伦萨所请来的这些法国雇佣兵却在敌人面前不战而溃，而来自瑞士的援军也因缺乏军饷而暴动。在这种不得已的被动情况下，佛罗伦萨只好屈辱地取消了这次行动。在这一状况下，马基雅维

里奉命出使法国，目的是向法国说明这次失败的原因并不在于佛罗伦萨，从而求得法国的谅解，以免影响两国之间的结盟关系。这一次出使，使马基雅维里痛感到一个国家要自立，首先必须要自强。在法国的半年期间，法国宫廷对他的冷漠态度，表明了意大利在法国人心目中的地位。他在写给国内的报告中慨叹道："法国人只看得起那些军容强大和担负得起报酬的国家。"尽管他一再申明"意大利城邦的威信"，但法国人却毫不客气地耻笑他为"'一无所有'先生"。这次的外交经历，使马基雅维里刻骨铭心，他深深地感到，无论是国家与国家之间的关系，还是人与人之间的关

← 马基雅维里

现实主义的思想先驱　**马基雅维里**

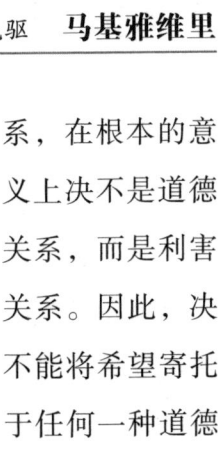

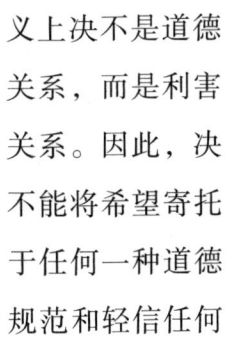

←马基雅维里

系，在根本的意义上决不是道德关系，而是利害关系。因此，决不能将希望寄托于任何一种道德规范和轻信任何一种许诺，而应以扩充自己的实力为唯一的可靠手段。马基雅维里的这一思想，在他后来的政治学著作中得到了充分的发挥。

1499年，马基雅维里被委以外交重任，主要任务是驻节国外，向国内提交外交事务报告。在1499—1512年，他代表佛罗伦萨共和国先后出访国外近30次，履足瑞士、法国、德意志诸国和意大利各城邦，这为他提供了近距离接触当时欧洲世界里一些最伟大的政治人物的机会，也让他留下了相当于3卷巨著的外事报告。

1500年12月，马基雅维里匆匆束装回国。在他离家期间，他的妹妹去世，而在此前不久，他的父亲也已离开了人间。国事和家事的坎坷，使他心乱如麻。这期间唯一使他感到欣慰的事，就是他在1501年的成婚。当年秋天，他在佛罗伦萨的近郊和玛丽特·考尔西尼结为伉俪。然而此后，在他的一生当中，考尔西尼似乎只是一个阴影般的人物。马基雅维里对她并不够忠诚，但在他写给她的信函中却依然流露出对她的眷恋。他们一共生育了5个孩子。考尔西尼死于1553年，比她的丈夫多活了26年。

在这个时期，佛罗伦萨一直为其边境的罗曼雅地区的一股新兴的武装力量而心烦意乱。1501年的春天，教皇亚历山大六世的儿子凯撒·波尔查被封为罗曼雅的公爵，波尔查是一个凶残奸诈的野心家，在取得爵位以后，他急切地扩大自己的势力范围，依靠武

← 佛罗伦萨

现实主义的思想先驱　**马基雅维里**

←马基雅维里（卡通画）

力和权术占领了越来越多的地方，并且还向佛罗伦萨提出了缔结正式联盟的要求。1502年10月5日，马基雅维里受命作为特使去罗曼雅面见公爵，从事这次谈判活动。这次任务是他外交生涯鼎盛时期的开始，同时也为他仔细观察和分析政治家们的活动提供了良好的机会。这次出使波尔查宫廷长达4个月之久，在此期间，马基雅维里经常与波尔查面对面地交谈，在每次交谈时，波尔查的谈话似乎都离主题很远，而谈论他个人的理想、抱负和政策。波尔查异于常人的气魄和远大的目标感，不择手段地达到目的和闪电般地作出决定与执行政策的行动能力，给马基雅维里留下了极为深刻的印象。他还亲眼目睹了波尔查凭借其胆识与魄力平息危机的两次事件，这使他感慨万分。

第一个事件发生在1502年12月。罗曼雅地区的居民因忍受不了公爵手下的将领维柯的残暴统治而欲行反抗，致使当地的形势十分紧张。本来，在前一年波尔查占领此地时，由于当时当地社会秩序混乱，维柯奉波尔查之命在当地实行了高压政策。经过一年的统治，原来混乱不堪的地方状态已经显得秩序井然，但是，维柯的残暴统治也激起了当地居民的强烈不满，罗曼雅地区陷入了一片危机之中。为了维护自己的统治，波尔查对这一事件的解决方法表现出了惊人的敏捷和果断。当维柯被召回到波尔查身旁的4天之后，人们发现维柯被弃尸在公众广场，身首异处。波尔查的这种为了维护自己的权力而不惜牺牲自己得力部下的行为和他在作出这种决断时所表现出来的无情和冷酷，令马基雅维里叹为观止。

第二个事件也大约发生在同一个时间。最初，波尔查曾经依靠过当地小领主的力量，但是到了后来，一些小领主却开始策动推翻波尔查的统治。波尔查为了除掉他们，先假意和解，然后将他们骗到申尼加里会面，并且就在当地杀掉了他们。波尔查因此而决定不再采取这种不可靠的联盟，而是全力以赴地培植自己的军队。这在当时惯用雇佣兵的时代是前所未闻的。马基雅维里不仅惊叹波尔查的当机立断和高瞻远瞩，而且认为他的非同寻常处在于，他不仅善于利用权术，而且将权力的基础放在建立自己的实力之上。在此后短短的时间内，波尔查就组建了5000名步兵和5000名轻骑兵。

  1503年1月，马基雅维里从罗曼雅回到了佛罗伦萨。此后的3年里，他花了很多精力来研究历史上的兵役制度。他得出的结论是，道德必须以实力为后盾，实力是一切事业的基础，一个国家如果没有一个强大精悍的军队，则不会长治久安。1506年底，他在过去制定的军事改革方案的基础上，向十人委员会提出了一份关于建立一个新的军事组织的建议书，并很快就获得了批准。他在城郊的农村招收了许多士兵，组成了一支以步兵为骨干的国民军。他还选择了曾经为波尔查效劳的以凶残著名的西班牙人唐·莫凯莱作为首领来训练国民军，从而体现出他强调"能力"和轻视伦理道德的人生信条。在1506年和1507年的大部分时间中，他的主要精力都放在了新军队的组建工作方面，并率领这支部队向比萨城发起进攻。1509年6月8日，马基雅维里率领佛罗伦萨军大败比萨军队，重新占领比萨，结束了长达十四五年的纷争。当时的佛罗伦萨

举国欢庆，称誉马基雅维里是这次胜利的功臣。这是马基雅维里整个政治生涯中最辉煌的时刻。

在1507年12月，他曾经出使德意志，沿途经过了威尼斯和瑞士，使他对瑞士和德意志的军事制度的优劣和政治上的强弱有了进一步的认识。1510年，他又奉命赴法国会见路易十二。经过多次的出访考察，他深深地体会到，使意大利强大起来的前提，首先必须要实现政治上的统一，驱逐外国侵略者。这时，马基雅维里已经察觉到佛罗伦萨厕身于法国同西班牙和罗马教廷国结成的神圣联盟的尖锐对立之间的危机，不久之后，他的预料终成现实。

罗马教廷国结成的神圣联盟

现实主义的思想先驱 **马基雅维里**

相关链接
XIANGGUAN LIANJIE

猜不透的马基雅维里

马基雅维里作为外交家的经历，使它对政治现实具有非凡的洞察力。他对意大利统一的热衷，又使他提出的建议直接甚至露骨。他毫不隐讳地指出人们不愿承认的许多人性弱点，也因此遭到了许多批评。

根据以赛亚·伯林的统计，在400多年中，马基雅维里至少获得过20多个头衔，诸如："恶魔"、"强权政治的维护者"、"失意的官场政客"、"共和主义的理论家"、"唯科学主义者"，等等。列奥·施特劳斯称他为"罪恶的导师"，莎士比亚称他为"凶残的马基雅维里"。正是马基雅维里学说的"非道德主义"色彩，加上独裁者不加掩饰的推举，让马基雅维里声名狼藉，有人因此将马基雅维里的探索看做了西方的"厚黑学"。如今，"马基雅维里主义"已经成为不讲信用、不讲道德的代名词。然而，恩格斯却称赞马基雅维里为"巨人"，马克思也推崇他为近代政治学的先驱。还有

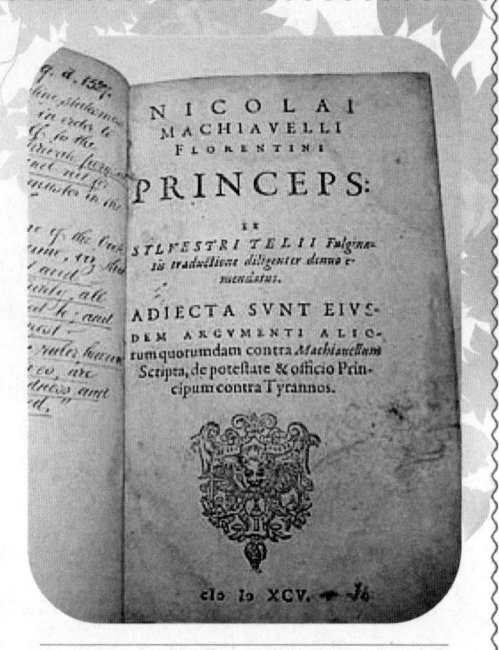

启蒙思想家卢梭，意大利民族英雄马志尼，不屈的反法西斯战士葛兰西也对他作过各自的评价。意大利著名哲学家克罗齐曾经感慨道，马基雅维里"或许是永远解不开的谜"。

马基雅维里撰写的《君主论》书影

马基雅维里的著作很丰富，其中影响最大的要算《君主论》了。他对如何制造王国、人性的善和恶、命运、宗教等问题的分析，或许我们并不同意，但是我们必须承认，他的确很有见地。马基雅维里认为，政治就是一场游戏，在这场游戏规则中无所谓善恶、对错，有的只是阴谋，有的只是征服者和被征服者。而历史一向是野心家继而是胜利者来改写的，君主需要的是残酷，而

现实主义的思想先驱 **马基雅维里**

不是爱。人应当在野兽中选择狐狸和狮子,他说"因为狮子不能防止自己落入陷阱,而狐狸不能够抵御豺狼,因此一个君主必须是一个狐狸,以便认出那些陷阱,同时又是狮子,以便应对豺狼的恐惧"。总之,只要目的正确可以不择手段。在对善恶的分析方面,历史上不是从马基雅维里开始的,也不会从他那里结束,但是他是第一个对"恶"作出系统分析的人。他认为,人类愚不可及,总有填不满的欲望,膨胀的野心,总是受利害关系的左右,他们总是趋利避害,自私自利。因此,利他主义和公道都是不存在的,人们偶尔

佛罗伦萨圣十字教堂

行善只是一种伪装,是为了赢得名声和利益。人都是"忘恩负义、心怀二志、弄虚作假,伪装好人、见死不救和利欲熏心的"。在他看来,即使每个人不是流氓就是傻瓜,不是骗人者就是被骗者,他们的卑鄙和愚蠢的本性被一层华丽的修养和学问式的外衣遮蔽住了,这种观点可以说是直指人性,说出了人性的普遍弱点。

马基雅维里的理论的确很实用。事实上,几乎所有关于管理、博弈与权力运作的理论和实践都无法绕过马基雅维里主义的思想贡献,无论是在内政还是外交上,大人物们无法摆脱他的影响。国家和公共利益,这个不容置疑的理由成为滥用权力者的遁词,但对于始作俑者马基雅维里,那是他终其一生秉持的信念。但是,无论如何,就政治思想而言,他都是近代社会和政治理论的鼻祖。我们今天耳熟能详的许多概念都直接来源于他的启发。

他的个人生活,绝看不到狡诈和背弃。虽然曾在共和国和专制的美第奇家族之间徘徊,但在他心中有一个至高无上的效忠对象,那就是佛罗伦萨,他的祖国。

现实主义的思想先驱　**马基雅维里**

官场失意后的隐居生活

> 幸运女神那强大而冷酷的恶意使我心灰意冷，一蹶不振。
> ——《君主论》

马基雅维里是一个迫切希望在政治舞台上实现自身价值的人。然而，命运却无情地捉弄了他。1512年8月，佛罗伦萨的军队在普拉托被神圣联盟的部队击败，流亡在外的美第奇家族以1万金币对联盟进行贿赂，并向帮助他们回国掌权的人许诺说，日后还将以重金相酬。于是，在西班牙军队的威胁下，佛罗伦萨投降，共和国随即解体，美第奇家族的首领朱利亚诺及小洛伦佐重新回到佛罗伦萨，恢复了1494年美第奇家族统治下的机构和制度。11月9日，新

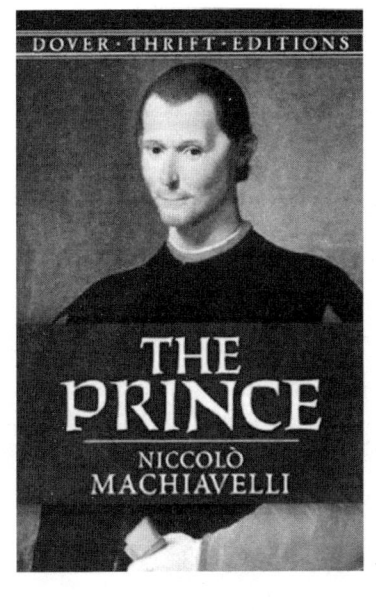

→马基雅维里与《君主论》

政府正式罢免了马基雅维里的一切职务，并宣布将他驱逐出佛罗伦萨一年。马基雅维里从此陷入了深渊。1513年2月，新政府又以莫须有的罪名（颠覆政府罪）把他逮捕入狱，极尽刑讯逼供之事。但他不为

韦奇奥宫修建于1298—1314年，全部用石头砌成，厚重的墙壁宛如城堡，高大的塔楼有94米高。宫殿修建以前曾是富商美第奇家族的府邸。1861年，意大利王国的外交部和议会大厦设立在此，现在是佛罗伦萨市政厅。

所屈，力辩无辜，并且终于在多方营救下于3月获释。

出狱之后，马基雅维里长期隐居在桑卡斯西安诺附近自己的小庄园里，成了一个普通的村夫。在他父亲遗留下的小农庄里，他和妻子及5个子女过着穷困潦倒的生活。此间，他还曾经因无力纳税而被传讯。在写给朋友的信中，他曾经哀叹："我不如死了好些，我的家庭如果没有我会好些，因为我只是家庭的一项

现实主义的思想先驱　**马基雅维里**

负担。"

　　但是，他仍然没有被生活的重负所压倒，他心中还潜藏着重新投身于政治的幻想。他曾经屡次写信给他的旧友——出使罗马的维托里，期盼他能够向新政府代为举荐自己，但由于各种原因而未能如愿。在屡遭挫折之后，马基雅维里又试图以一种新的方式来向"我们的美第奇君主"表示自己的忠诚和展露才华，这就成了马基雅维里开始写作他的传世名作——《君主论》的直接契机，它成为了马基雅维里一生的转折点。也正是从这时起，他真正开始以分析者的眼光，而不

→马基雅维里塑像

是以参与者的态度来反省和思考政治现象。白天，马基雅维里或是在农田耕作，或是伐木卖材，只是到了晚上，他才开始进入只属于他自己的精神世界。他一面阅读和探讨历史，一面反省和整理自己早年的外交经验和教训。他写道："黄昏时分，我就回家，回到我的书斋，在房门口，我脱下了白天沾满尘土的工作服，换上朝服，整我威仪，进入古人所在的昔日的宫廷。在4个小时里，我毫不感到疲倦，我忘记了一切烦恼，我不怕穷，也不怕死，我完全被古人迷住了。我和他们交谈，询问他们种种行动的道理。"

《君主论》的写作大约从1513年的六七月份开始，在年底以前写完，修改和定稿是在1515年以后。在写完这本书之后，马基雅维里在致朋友的一封信中写到："我已经把我同古人谈话所学到的东西记下来，而且写成一本小册子，题为《君主论》。在这部书里，我竭力深入探索这个课题，研究君主国是什么，它有什么种类，怎样获得，怎样维持，以及为什么会丧失。

← 《君主论》书影

现实主义的思想先驱　**马基雅维里**

此书一定会获得君主，特别是一位新君主的欢迎。因此我要把它献给朱利亚诺殿下。"但是，这本书事实上却没能献给朱利亚诺，而是在1515年或更晚一些时候献给了小洛伦佐，并且这本书也没有获得统治者的垂青，而是石沉大海。直到作者死后，此书才于1532年在教皇克莱门特七世的赞助下出版。

《君主论》所受到的冷遇，彻底浇灭了一直燃烧在马基雅维里心中的重返政坛的希望之火，从此，他彻底放弃了重新步入仕途的打算，并决定今后以写作为生。他参加了由一群人文学者组成的学术团体，在佛罗伦萨近郊的庭院里定期集会，谈论学问和休闲娱乐。

从1513年开始，马基雅维里就沉潜于古罗

→李维

思想家卷　035

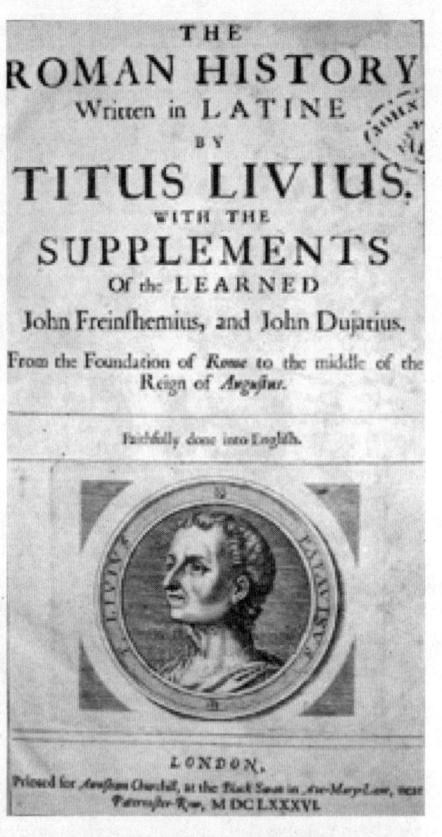

马史的研究，到1517年，又完成了他的另一本专著《李维史论》。这本书被后人视为《君主论》的姐妹篇，它比《君主论》的篇幅要多4倍，书中着重探讨了古罗马共和国强大起来的原因，并表明了作者对共和制度的推崇。同时，他尖锐地指出，造成意大利衰弱和分裂的祸根，就是罗马教廷。他认为，意大利的统一大业，需要有一个强悍精明的君主来完成。在《君主论》中，作者曾提出在当时意大利内忧外患的混乱状态下，应该采取君主政体。但在《李维史论》中，作者却又对共和制度大加赞扬。作者前后观点上的这种矛盾，正反映了当时的新兴资产阶级所面临的时代课题的复杂性。

← 李维撰写的《罗马史》

现实主义的思想先驱 **马基雅维里**

相关链接
XIANGGUAN LIANJIE

马基雅维里写作《君主论》

"我爱我的灵魂,更爱我的祖国。"

人最大的幸福就在于能充分发挥自己的能力。马基雅维里在37—43岁的这一时期,就拥有这样的幸福,他绝非浪得虚名之徒。然而,事实上,自29岁担任公职以来,尽管他在军事和外交上屡建奇功,但没有证据表明他的职位和待遇发生了变化。权位不是他在意的东西,他仍然为国家努力工作,甚至作为统治者心腹,还一再进行没有大使名分的公差,并坚持发回详尽有力、文笔生辉的报告。

→马基雅维里

他没有为个人作任何应对不测的准备,因此命运

之神在1512年抛弃了马基雅维里时，他显得毫无还手之力。那一年，西班牙军队占领了佛罗伦萨，共和国的领袖纷纷出逃，被驱逐的前统治者美第奇家族回国。

马基雅维里没有逃亡，而是留在佛罗伦萨等待美第奇家族，希望继续为国效力。然而，乔万尼·美第奇进入佛罗伦萨后一个月，马基雅维里就被解除职务，并被禁止在佛罗伦萨境内活动一年，还要付巨额保证金。1513年2月，更沉重的打击落到了马基雅维里身上。他被怀疑参与了一个反对美第奇政府的阴谋活动，被逮捕入狱，直到一年后，乔万尼被选为教皇利奥十世，大赦国人，他才获得释放。

经过磨难的马基雅维里并没有放弃为国效劳的希望。为此，他求助于从前的同僚、时任佛罗伦萨驻罗马大使韦多利。然而，他连写了几封催促的信件未获得任何实质性的进展，马基雅维里终于意识到韦多利对他重返政治舞台的愿望是爱莫能助。他不得不回到他在桑·卡西亚诺的小农庄。

这时，马基雅维里已经穷困潦倒。过惯了政

现实主义的思想先驱　**马基雅维里**

←韦奇奥宫钟楼尖塔

治舞台上的风光日子,马基雅维里一度不知如何度过他的乡村生活,一度天天以捉画眉鸟消遣度日。转眼就到了冬天,寒风刺骨,马基雅维里终于开始了"正经"营生。他每天早晨出外伐薪,去城里卖柴,像个真正的樵夫一样生活。

但即使在这样的境遇中,马基雅维里仍未忘记政治。过去15年的从政生涯的所见所闻,给他提供了无数的思想素材,风光之时来不及细细咀嚼,在落寞之中倒使他回味不已。1513年秋天,在捉画眉鸟之余,他开始了《君主论》的创作。

白天,他像个农民一样,过着平凡的日子;夜晚,他与古人静静交谈。在一封信中,他写道:"黄昏时分,回到家里。在书房门口,我脱下沾满尘土的工作装，换上官服，整肃威仪，进入古人的宫廷。"

他这样解释他写作《君主论》的目的："……专为提出事实的真相，而不作空论式的陈述。过去许多著作，都曾探讨君主国和共和国的优劣，却没有人真正经历过这两种政治生活，也没有人真正目击两种政体的运行，而我曾经在这两种政体下生活过，也实际参与政治的运作。这两种政治中的实际生活，与吾人理想中的生活相去甚远。若舍实际情形而依空幻的理论行事，……在充满罪恶的环境中力求以美德来待人处世，自然难免于败亡。"

《君主论》是为了被启用而进献给美第奇家

韦奇奥宫前的塑像

现实主义的思想先驱　**马基雅维里**

韦奇奥宫内景

族的,但直到1514年夏天,他的苦心孤诣没有得到任何回音,他不得不放弃这一"梦想",日益把自己看做一个单纯的"文人"。1515年,他参加了一个文人组成的团体,定期地聚会,朗读各自的作品,甚至还写作剧本,表演戏剧。但是,这个团体的成员们最浓厚的兴致还在政治方面。他们谈话的主题是君主制和共和制在当时的利弊问题。作为这种讨论的成果之一,马基雅维里写出了他的另一部巨著《李维史论》。1520年,他又完成了西方历史上第一部近代军事著作《战争的艺术》。但是,马基雅维里骨子里是个行动的人,他不喜欢这种"谦恭和沉思"的生活。因此,一旦有机会报效祖国,他就不顾一切地投入其中。

晚年的生活和最后的厄运

> 统治者应该审时度势地随时改变自己的天性。这样，好运将永远伴随他的一生。
> ——《君主论》

在完成了《李维史论》之后不久，马基雅维里突然又时来运转。1520年3月，他的好友洛伦佐·史托奇趁居里奥大主教当选为新教皇（克莱门特七世）之机，将他引荐给了新教皇。时隔不久，他即得到了暗示，意谓他可以在宫廷中谋得一份官职。同年的11月，他接到了美第奇政府的委任状，聘请他在宫廷中

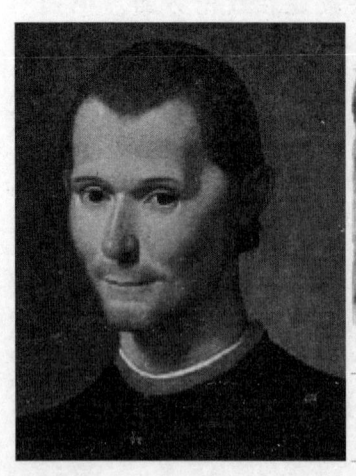

马基雅维里及其手稿

现实主义的思想先驱　**马基雅维里**

→ 马基雅维里塑像

撰写佛罗伦萨的历史。这使马基雅维里重新获得官职的愿望终于如愿以偿。他的后半生就倾其全力来撰写这部《佛罗伦萨史》。这本书的写作费时颇长，也倾注了他的全部心血。全书于1525年完稿，共8卷。他以极为谨慎的态度来赋予这本书以特定的思想内涵。他认为，这本书应该通过历史经验给予人们一种深刻的启示，因而史料必须要经过精心的挑选和刻意的组织。全书不仅叙述了佛罗伦萨的历史，而且包容了从西罗马帝国末年以来一直到1492年洛伦索美第奇逝世为止的意大利的全部历史。他通过对意大利民族盛衰原因的回顾和分析，借古喻今，针砭时弊，并在这个基础上阐明自己的政治主张，充分反映了他的人文主义思想。全书用生动优雅的意大利散文体写成，文笔简洁明快，感情饱满，真挚动人。他在这部著作里从分析佛罗伦萨兴衰的原因入手，记叙和论证了专制制度如何造成政治腐败，民不聊生。他措辞委婉地指出，专制政体下的法律和制度，"并非是为了社会公利"，而只是极少数人获取私利的工具。因此，它必然最终导致了佛罗伦萨的衰落。

在《佛罗伦萨史》中，我们仍可以看到他在《李维史论》中所阐述的同一

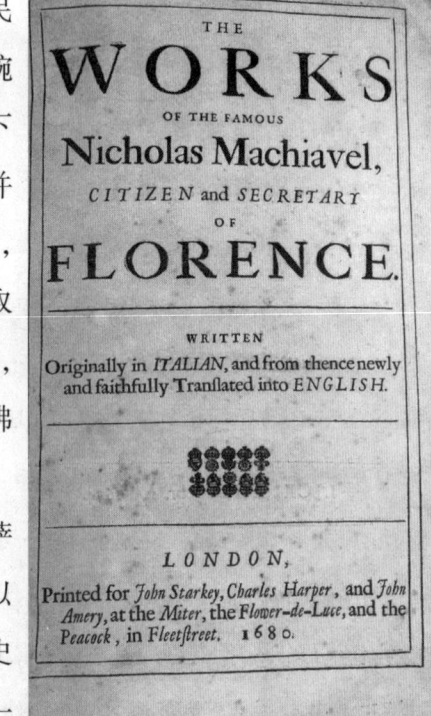

← 马基雅维里撰写的《佛罗伦萨史》书影

现实主义的思想先驱　马基雅维里

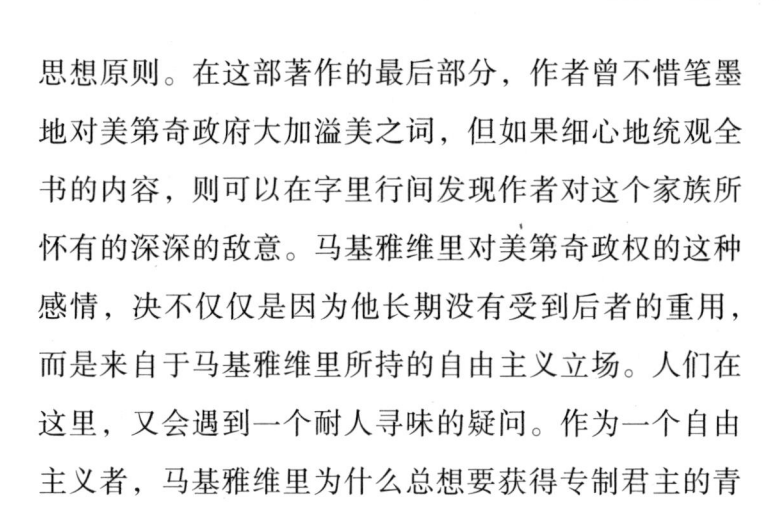

思想原则。在这部著作的最后部分，作者曾不惜笔墨地对美第奇政府大加溢美之词，但如果细心地统观全书的内容，则可以在字里行间发现作者对这个家族所怀有的深深的敌意。马基雅维里对美第奇政权的这种感情，决不仅仅是因为他长期没有受到后者的重用，而是来自于马基雅维里所持的自由主义立场。人们在这里，又会遇到一个耐人寻味的疑问。作为一个自由主义者，马基雅维里为什么总想要获得专制君主的青睐？要回答这一问题，恐怕只有从他自身人格中所蕴含的矛盾来找出答案。

马基雅维里晚年的厄运，也正来自于他人格中的这种矛盾。他虽然在政治上是一个主张自由的思想家，但是在现实中却不能抵御世俗的诱惑。在写完《佛罗伦萨史》后，马基雅维里又接受教皇克莱门特七世的委派进行了一些军务方面的协助性工作。但是，在此后不久，意想不到的事情发生了。1527年5月，神圣罗马帝国皇帝查理五世率兵洗劫了罗马城，教皇克莱门特七世被迫出逃。由于丧失了教皇的支持，本来就已经民心丧尽的美第奇政权在人民的起义下顷刻间崩溃瓦解。5月16日，原来的"十人委员会"重新上台并宣布恢复共和政体。次日清晨，美第奇仓皇逃往国外。

对于一向拥护共和政体的马基雅维里来说，这应该是一个胜利的时刻。但是，此前的6年间他一直为美第奇政权效力的历史，却是一个他无法解释也无法抹去的污点。他曾经希望新的共和国政权能念其过去的功绩，不忌前嫌而重新起用自己。然而，人们却没有宽恕他并拒绝了他的要求。消息传来之后，马基雅维里从此一病不起。1527年6月21日，他怀着壮志未酬的遗憾永远地离开了这个世界。这一年，他只有58岁。

←马基雅维里塑像

现实主义的思想先驱 **马基雅维里**

相关链接

壮志不已的马基雅维里

1520年，幸运之神似乎又想起了已被它冷落多年的马基雅维里。经朋友引见，在佛罗伦萨的新统治者朱利奥·美第奇授意下，佛罗伦萨大学选任马基雅维里为历史编纂，主要的任务是撰写佛罗伦萨的历史。

修史的工作在马基雅维里眼里不啻是又一次探讨政治和公共事务本质的活动。在《佛罗伦萨史》中，他从公元379年罗马帝国的衰亡写起，一

韦奇奥宫门前的美第奇家族族徽

直写到1492年美第奇家族被推翻，主旨在探讨"经过了1000年的辛勤劳苦，佛罗伦萨为何变得这样孱弱不堪"。他的结论是，"腐败"、"君主、士兵、共和国的领袖为了保持他们不配享有的名誉而玩弄诡计和阴谋"，才使意大利人"重新陷入奴隶的境地"。

那一年，马基雅维里还受利奥十世的咨询，讨论最适合佛罗伦萨的政体，这给他有系统地陈述自己意见的机会。他在文章中建议，以利奥十世和朱利奥二人的生存期为限，他们生前应掌握美第奇家族的最高领导权，他们死后将最高权力转交给共和国时代的"大会议"——共和政体仍然是他心目中的理想政体。这篇文章当然不受欢迎，无助于他在政治上东山再起。

政治总是让人难以捉摸。1527年5月，和法国争夺在意大利霸权的西班牙军队洗劫了罗马，佛罗伦萨的共和主义者乘机起事，同月16日宣布恢复共和国。

闻听这个消息，马基雅维里从乡间匆匆赶回佛罗伦萨，他希望自己能够官复原职。但是，新上台的年轻一代对他过去6年里与美第奇家族的来

现实主义的思想先驱 **马基雅维里**

佛罗伦萨的韦奇奥宫

往极为不满。在他们眼里，他只是个见利忘义的小人，一向随风飘摆，不值重用。

晚年的马基雅维里已经一贫如洗，隐居乡间，开始进行写作。他给朋友的一封信中描述：

"傍晚时分，我回到家中的书桌旁，在门口我脱掉沾满灰土的农民的衣服，换上贵族的宫廷服，我又回到古老的宫廷，遇见过去见过的人们，他们热情地欢迎我，为我提供单人的食物，我和他们交谈，询问他们每次行动的理由，他们宽厚地回答我。在这4个钟头内，我没有感到疲倦，忘掉所有的烦恼，贫穷没有使我沮丧，死亡也没能使我恐惧，我和所有这些大人物在一起。因为但丁曾经说过，从学习产生的知识将永存，而其他的事不会有结果。

　　我记下与他们的谈话，编写一本关于君主的小册子，我倾注了我的全部想法，同时也考虑到他们的臣民，讨论君主究竟是什么？都有什么类型的君主？怎样去理解？怎样保持君主的位置？为什么会丢掉王位？对于君主，尤其是新任的君主，如果我有任何新的思路能让你永远高兴，肯定不会让你不高兴，一定会受到欢迎。"

　　在此期间，马基雅维里完成了两部名著《君主论》和《论蒂托·李维〈罗马史〉的最初十年》。洛伦佐死后，主教朱理·美第奇统治佛罗伦萨，立志改革政治，征询马基雅维里意见。1520年，马基雅维里写成《战争的艺术》。1523年，朱理当选教皇，为克莱门特七世，重新起用马基维亚利，让他编写《佛罗伦萨史》，他将新书献给教皇，被赏赐120金币。他在《佛罗伦萨史》中描

← 蒂托·李维

现实主义的思想先驱　**马基雅维里**

←马基雅维里（素描像）

述当时的佛罗伦萨人："他们在穿着和日常生活上，比他们的先辈更自由，在其他方面，诸如金钱、休闲、游戏、异性等方面上花费更多，且时间更长，他们的主要目的是有更好的穿着，有更得体的谈吐，谁能以最精明的方式伤害他人，谁就是最能干的人。"1527年，美第奇家族倒台，佛罗伦萨恢复共和制，马基雅维里想继续为共和国效力，但因为他曾效力于美第奇家族，不被共和国起用，经过苦苦争取而重新回到权力中心的马基雅维里，经此打击一个月后，终老于权力旁观者的位置上。

思想家卷　051

马基雅维里和他的《君主论》

> 没有一定的目标,智慧就会丧失;哪儿都是目标,哪儿就都没有目标。
> ——蒙田
> 你要我指点四周风景,你首先要爬上屋顶。
> ——歌德

在考察了马基雅维里的上述经历以后,人们不免要提出的问题是,究竟是什么因素使他在历史上产生了巨大的影响呢?平心而论,很难说马基雅维里是一个具有感人的人格魅力的政治家。他本人的生活经历虽然坎坷不平,但也没有什么神秘的传奇式的色彩和足以打动人心之处。即使从其理论建树的角度而言,马基雅维里也并没有在人类思想史上创建出一种完整的思想体系。但是,在人类近代政治发展史上,马基雅维里又确实是一个具有划时代意义的思想家,而奠定他在政治思想史中的这一地位性的著作,则又是在他所有的著作中容量最少的一本书——《君主论》。

《君主论》是一部论述君主的统治方法的政治学

现实主义的思想先驱　**马基雅维里**

著作。在这本书中，马基雅维里在政治思想史上第一次提出了人性并非是善而是恶的观点，并以此作为他立论的基础。从这一前提出发，他推演出了自己的政治观和国家观。他认为，人类最初是和动物一样的，并非是有秩序的社会存在。追求财富和权力是人的最

→ 马基雅维里

《君主论》书影

基本的欲望。但是，由于世间的财富和权力总是有限的，而人的欲望却无穷无尽。因此，人与人之间的关系从根本的意义上来说就是一种互相争夺的利害关系，人们为了实现自己的欲望，其行为是忘恩负义和不讲信义的。如果任凭人的本性发展，人与人之间将永远处于一种战争状态。为了使社会能够保障每个人的安全，人们组成了以强力为后盾的公共权力机构——国家，并在这个基础上制定了保护每个人的合法权利的带有强制性的社会准则——法律。因此，人类组成国家进行政治活动的目的，就是要保护每个人的

现实主义的思想先驱　**马基雅维里**

→ 马基雅维里塑像

思想家卷　055

人身安全和私有财产。国家必须要以强权来保证其自身的至高无上性，政治就是人们为夺取权力和巩固权力而进行的斗争，因而权力就必须要以实力为后盾。君主的任务就是要通过各种手段来取得权力和保持权力，并通过权力来维护其自身的利益和其统治秩序的安定。

英王查尔斯五世对《君主论》"爱不释手"。英国资产阶级革命的领袖克伦威尔一直珍藏着一部《君主论》的手抄本。法国国王亨利三世和亨利四世在遭暗杀时，随身都带着一部《君主论》。普鲁士国王弗里德里希一直把《君主论》作为自己每天睡前的必读书。曾经在欧洲所向披靡的拿破仑最终在滑铁卢折戟沉沙，而人们在打扫战场时，在他的用车中发现了一部写满批注的法文版《君主论》。

马基雅维里在书中指出，既然人性是恶的，因而君主不应该受任何道德准则的束缚，而应该不择手段地来实现自己的目的。一个君主不仅不必具备各种美德，而且如果真的具备美德并按照美德来立身行事的话，那他的下场将是十分可悲的。但是，君主在表面上还是应该扮演一个有德之士的角色，要使人民觉得自己是仁慈的、忠诚的、合乎人情的、虔诚的和正直的。君主不要寄希望于要人民来爱他，而应该让人民

现实主义的思想先驱　**马基雅维里**

对他感到恐惧，并且君主也不要顾忌人民对自己的残暴和谴责。他在向下属施加恩惠的时候，可以一点一点地进行，但当他要加害于人的时候，却一定要果断地一次性完成。同时，君主还应该将不得人心的事情假于他人之手来完成，而自己则只去做那些向别人施行恩惠的事情。他在总结了历史上所有君王的统治经验和教训的基础上提出，作为君主来说，根本不需要信守诺言，更不必"言必信，行必果"。历史证明，所有成就大业的君主对信义都非常轻视，正是这种背信弃义的君王才能征服信守诺言的君王。一旦因遵守诺言而要损害自己的利益时，君主就应该随时抛弃自己的

→ 罗伦佐·美第奇塑像。

思想家卷　057

诺言。他在书中还谆谆地告诫君主说，对凡是阻碍自己实现目的的人，要毫不留情地予以镇压。君主必须要具有魄力和果断的性格，任何因循犹豫都将使自己的事业毁于一旦。在国与国之间的关系方面，他劝告君主应当做弱小邻邦的保护者，但是又不要增加它们的力量，应当利用小国的力量来抑制强大的邻国，并且在任何时候，都不能容忍任何一个大国得势。为此，君主必须要有自己强大的军队，强大的国力必须要以军事力量为基础。总而言之，凡是"聪明"的君主，都应采取暴力和欺骗相结合的统治方法。他曾比喻说，狐狸狡猾有余，但是却不能抵御豺狼，狮子凶猛有余，但是却难免会落入陷井。因此，君主要在不同的时间和地点分别扮演"狮子和狐狸"两种不同的角色，有时要像狮子那样凶猛，有时要像狐狸那样狡猾。

纵览全书，可以说这本书并没有什么高深的学术见解，更没有什么完整的理论体系，充其量也只能说这是一部作者对其以前的君主的统治之术所进行的全面总结。然而，如果我们将这本书具体地置于当时的社会背景下和人类政治思想发展的历史链条中来考察它的思想价值，则会得出另一种与上述观点截然不同的结论。

现实主义的思想先驱　马基雅维里

相关链接
XIANGGUAN LIANJIE

《君主论》及其写作背景

文艺复兴时期的意大利割据势力十分严重，各城邦国家间的彼此仇视使意大利丧失了中世纪时期在商业和贸易方面的领先地位，而且因没有形成统一的民族国家而备受西班牙、法国和德国的蹂躏。马基雅维里主张建立统一中央集权的民族国家，结束意大利的分立状态。

马基雅维里在刚遭贬逐不久时写作的《君主

《君主论》书影

思想家卷　059

论》，被称作"邪恶的圣经"，是一本忠告君王的短书，焦点在终章讨论如何从外国支配下解放意大利的问题。

《君主论》论述了君主应该怎样进行统治和维持，认为军队是一切国家的主要基础，君主要拥有自己的军队，并应靠残暴和诡诈取胜。认为君王在统治之时要以实力原则，不择手段去实现自己的目的，同时要效法狐狸与狮子，有狐狸的狡猾，狮子的勇猛。

马基雅维里十分强调国家完备武装的重要性，认为这比什么都重要。他强调一个国家的军队若是从自己的公民中招募的，这样的军队才可靠；一个国家若靠雇拥军队或者靠外国军队，则必然会软弱无能，危机四伏。

《君主论》被称为"独裁者手册"。马基雅维里的生涯和他的其他著作表明，在一般情况下他喜欢共和政治而不喜欢独裁政治。他为意大利在政治上和军事上软弱无能而大失所望。许多异族侵略者的军队在践踏着祖国河山，他渴望有一个强大的君王来统一祖国，把侵略者赶出去。人们会有兴趣地注意到，虽然马基雅维里提倡君王采

现实主义的思想先驱　马基雅维里

用切实可行的玩世不恭和残酷无情的手段，但是他本人却是个理想主义者和爱国主义者，且不很擅长玩弄他推荐的骗术。

马基雅维里劝告君王要赢得民众的支持，这样就可以消除一些难以避免的祸根。马基雅维里当然清楚一个新上任的统治者为了巩固自己的政权，必须得做些失悦于被统治者的事。但是他指出："……征服者在夺取国家权力的过程必须得顷刻用尽所有残暴的手段，以避免每日都使用这种手段……要逐渐提供福利待遇，这样可以使福利得以更充分地利用。"一名君王要名垂史册，周围必须得有才干杰出的忠臣。马基雅维里还警告君王不要被阿谀奉承之徒所迷惑，并提出了如何做到这一点的建议。

→马基雅维里塑像

近代人文主义运动和马基雅维里的历史地位

> 我们承受马基雅维里及其他作家的恩惠,他们记载人们曾经做过什么事,而不是记载应该做什么事。
> ——培根

> 这是一次人类从来没有经历过的最伟大的、进步的变换,是一个需要巨人的时代,而且产生了巨人——在思维能力、热情和性格方面,在多才多艺和学识渊博方面的巨人的时代。
> ——恩格斯

在文艺复兴之前的西方政治思想发展史中,政治这个概念一直是和道德连在一起的。古希腊的先哲柏拉图就曾提出,政治生活是人类社会所特有的一种道德活动,由于国家是一种最高的善业,因而统治者必须要由最能体现道德

← 柏拉图塑像

现实主义的思想先驱 **马基雅维里**

←亚里士多德塑像

的智者——哲学家来担任。亚里士多德则认为，人作为一种天生的社会性动物，必然要过政治生活，政治活动是人类社会区别于动物世界的根本特征。如果根据上述逻辑来进行推理，既然政治是一种人类所特有的道德活动，那么它也就意味着人具有一种不同于动物的根本属性——道德属性。

这也就等于说，人的本性是"善"而非"恶"的。而且，如果将"善"作为人类社会原理之逻辑起点，则又必然地推演出一种将作为人类道德活动的政治活动视为人类社会通往"至善"目标的必由之径的结论。

在当时古希腊的社会历史条件下，这种政治学说在客观上至少起到了如下几种作用：

1. 由于道德是人类社会在某一个特定的历史阶段中，对一种特定的人与人之间的社会关系在价值观上的确认，因而道德的内容是具体的而非是抽象的。在

思想家卷 063

当时的古希腊社会中，人在社会中的地位由他的出身、职业以及其他各种因素所决定，并且这种人与人之间不平等的利益关系是以人格的不平等为前提的（例如，当时奴隶主与奴隶之间的关系及贵族与平民之间的关系）。而当时的社会却认为这种关系是一种天然合理的关系，也就是一种合乎于道德的关系。这就是说，作为维护这种道德关系的国家，也体现了一种最高的"善业"。这就自然为维护当时统治阶级利益的国家披上了一层合法的外衣。

2. 将政治视为一种道德活动，也就掩盖了人类社会组成国家和进行政治活动是一种由于人与人之间因利害冲突所导致的产物这一政治的本质规定性，更掩

← 古希腊胜利神庙

现实主义的思想先驱　**马基雅维里**

盖了国家是将某种特定的利益分配关系加以合法化和秩序化的暴力机器这一社会现象的实质。

3.强调人可以达到"至善"的可能性，也就等于说人将能够成为"完人"，既然政治的目的就是要达到人类在道德上的"至善"，那么取得从事政治活动资格的政治家标准，则自然是道德生活的践履者和具有高尚的道德情操者。由此推论，人们对于这种道德楷模自然是可以完全信赖的。这也就意味着，由这种人来掌握权力，人们尽可放心而不必采取什么手段来对权

→希腊城邦

力进行监督。显而易见,这就构成了"人治"政治原则的逻辑基础。

如果说,在古希腊时代,构成政治与人性原则两者之间内在联系的逻辑基础是人的"性善说"的话,那么,当西方社会进入中世纪以后,人的"原罪学说",则又成为一种新的政治原则的立论基点。在古罗马社会晚期,基督教开始从古耶路撒冷逐渐传入欧洲。人的原罪学说,即是基督教教义的基础。这种学说认为,人类本身就是罪孽的产物,这种罪孽来自于人自

现实主义的思想先驱 **马基雅维里**

←柏拉图（左）与亚里士多德

身的动物性欲望。因为人类的诞生本身，就是人类的祖先——亚当和夏娃因经受不住性的诱惑而造成的后果。因此，人类在现世所遭受的种种苦难，都来自于上帝对人类的惩罚。人类只有在现世中不断地接受这种苦难的惩罚，才能在来世进入天国。

这种理论使人们泯灭了自己追求幸福的愿望而甘愿忍受苦难，并在客观上起到了维护统治秩序的作用。从原罪学说的立论基点方面来看，人的本性无疑具有恶的成分。但是，上帝作为拯救人类的神，却可以通过对人类的救赎来使人们在来世进入天国。这就意味着，既然人可以在上帝的引导下通过赎罪来拯救自己并最终进入天国，那么人本身也就自然具有一种"趋向于善的本性"。只不过这种"善"的实现需要上帝的

思想家卷 067

引导和人类在现世经历和忍受苦难才能达到。这也就等于是说，人的肉体是恶的，但人的灵魂却可以在神的帮助下摆脱恶而最终达到善，因而从最根本的意义而言，人性还是善的。但是，问题在于，在政教合一的中世纪社会，教会在理论上充当了上帝在世俗世界的代言人的角色。因此，作为连接人与上帝之间的桥梁，它在世俗社会中，也就拥有了至高无上的地位，并据此而获得了其统治地位的合法性。

自14世纪就开始萌芽了的文艺复兴运动，是西方社会在进入现代化阶段过程中，在思想领域进行革命的一个具有划时代意义的起点。而在这个起点中所要解决的首要问题，就是对人的看法问题。当时所谓的人文主义运动，不仅是要在神的面前弘扬人的价值存

← 希腊城邦遗址——迦太基

现实主义的思想先驱　**马基雅维里**

→ 文艺复兴时期的宫廷场景

在，以至最终否定上帝和它的代理人——教会在世俗社会中的合法地位，而且更重要的是要肯定人的种种自然欲望和要求的合理性以及每个人要求实现这种权利的平等性。

在当时不断出版的各种政论及文艺作品中，都正面地肯定了人们追求财富、追求爱情、追求一切世间所能满足于人的有价值的东西的行为的合理性，从而反映了当时处于日益上升阶段的资产阶级的要求。然而，按照亚里士多德的说法，既然人是一种天生的社会性动物，那么他们在各自追求其自身的利益时，则又不可避免地要发生矛盾和利害冲突，并且在这个过程中，人们变得自私、狡猾而又不择手段。这也就是说，人类是在追求其自身"幸福"的过程中而显露出它的恶的一面的，并且由于这种追求来自于人的生理自然性，因而它就是人类所不可抗拒的自然本性。为此，人性中既有其善的一面，也有其恶的一面。

同时，由于人与人之间在追求幸福的权利上是完全平等的，因而必须要建立一种保证每个人都能够以平等的资格来进行竞争的社会制度——这就是后来建立的近代资产阶级民主制度。由此可见，近代西方社会所建立的民主制度，实际上是要通过平等的方式来实现它的自由理念——因此它被称之为自由民主主义。而这种近代的自由理念的核心，正是上述基于人的自然性的人与人之间彼此平等的欲望之合理性。

自古以来，人的欲望一直被视为洪水猛兽而受到社会道德的排斥和谴责。因为正是它带来了种种社会上的丑恶现象，并导致了社会秩序的失序。无论是在

←文艺复兴时期的但丁

现实主义的思想先驱　**马基雅维里**

古希腊罗马还是在中世纪，在近代以前的人类社会的思想领域和编年史中，它在理论上都被作为与人性相悖的东西而被否定。因此，作为以人性论为基础的政治思想原则，则必然以强调人的道德性为核心。然而，近代社会既然要承认人的欲望的合理性，并且要建立一种使人们能够平等地展开竞争的社会制度，它也就必然要使其政治原则摆脱开传统道德观念的束缚。马基雅维里的《君主论》，也正是在这个意义上，在人类的政治思想史上获得了它独特的地位。

因此，这本书决不是一本简单地向君主告诫如何才能取得政权和保住权力的小册子，而是一座在人类社会发展的转折关头具有划时代意义的里程碑。

它不仅从实证的角度出发，揭示了人在社会中如

→ 文艺复兴时期的市井生活

何才能获取权力的秘密,指出了人与人之间关系的真实内容,而且它更重要的意义是通过指出人类社会中真正起作用的并不是道德而是权术和实力这一现象,来说明人来自于其自身欲望的局限性。用作者的话来说,他是在总结人类社会围绕着权力所进行的角逐的史实基础上写成这本书的。

因此,也可以说这本书至少是对权力场中的人性的真实写照。它提醒人们,既然人性中的欲望具有恶的一面,那么就不仅要对恶来加以防范,而且还必须要以恶来制恶,正是通过使用恶,才能走向通往权力之路。

马基雅维里为后世留下了珍贵的思想遗产。人们正是根据他的人性恶说而设计出了以权力来制约权力的政治分权制度。因为从学理的角度而言,近代政治思想史中的分权学说,不仅仅是要通过权力之间的相互制约来最终维护法律的至高无上性,而且从更根本的意义来说,它是建立在对任何人都不信任的原则基础上的一种制度,因为这一原则的逻辑基点是:人不是魔鬼,但也决不是天使。因此,对于任何掌权者都必须要在制度上来加以防范!没有制约的权力,纵然不是出于主观的邪恶,也会客观地产生腐败。

相关链接

马基雅维里的主要作品

学术著作：《君主论》、《论蒂托·李维<罗马史>的最初十年》、《战争的艺术》、《李维史论》、《关于日耳曼国家的报告》、《佛罗伦萨史》。

剧本：《曼佗罗花》、《克丽齐娅》。

马基雅维里的剧本赏析

《曼陀罗》主要讲的是一个"爱情"故事，而故事发生的地点，则是马基雅维里最为挚爱的佛罗伦萨。主角卡利马科在当地泼皮无赖的计策的帮助下，成功地追到了当地最美的女子，这位名叫卢克蕾加的女子则嫁给了当地最愚蠢的一位尼洽老爷。

《曼陀罗》首先体现了有关道德、忠贞与信仰的矛盾。体面的卡利马科为了追求美女就不顾道德的约束滥用计谋，美丽的卢克蕾加可以在忠贞表层下面保留一个情人，而剧中的另外一个修道士则为了若干金币的布施参与到卡利马科的阴

马基雅维里及其著作

谋当中。剧中各种各样的信条都被打破，更多的是韦小宝式的诙谐但又直接的行动。当然，《曼陀罗》并没有反对这些有违道德、忠贞与信仰的事情，反而去诋毁那个仅有的合法的老爷尼洽，把他刻画成那个"全佛罗伦萨最愚蠢的人"。或许，这恰恰是马基雅维里对于卡利马科的阴谋的认同，旧的思想的束缚应该被打破，或者保留其不再有着强烈的影响力框架，让人们这个框架中灵活地掌握自己的行动。

《曼陀罗》中的佛罗伦萨，正处于一个正在

进行着潜移默化的变革的时期，卡利马科和他的同谋者构成了这个社会中正在逐渐掌权的那个阶层，他们所做的，正是在重新划定道德、贞洁与追求的范畴。《曼陀罗》应是一种马基雅维里对当时社会的写照，人们逐渐从单一的道德、风俗和信仰的束缚中解放出来，由自己主动地去追求。而原有道德、风俗和信仰本身所构建的价值体系也在瓦解，违反它们，或许不是什么不好的事情。

马基雅维里的戏剧成就

马基雅维里一生完成多种理论与文学著作，并在戏剧领域取得突出的成绩。1504年，他写出剧本《假面》（现已失传）。《曼德拉草根》是他最重要的剧作，也是第一部意大利语喜剧。剧本描写迂腐的学者尼齐亚膝下无子，听信青年卡利马科的主意，要妻子卢克莱齐娅服用曼德拉草根，结果中了圈套，卡利马科乘机和卢克莱齐娅相好，享受幸福。

作者歌颂人的智慧、爱情，提倡享乐主义，谴责私利毁灭人的活力，抨击教会的虚伪、堕落。

马基雅维里继承和发展了古罗马的喜剧传统，他的作品展示了意大利的现实生活，抨击了社会恶习和封建道德观念，是意大利文艺复兴时期人文主义道德喜剧的杰出作家。他的剧作具有鲜明的特色，通过构思巧妙、曲折夸张的情节刻画富于性格特征的人物，台词幽默、风趣。

马基雅维里的人物影响

马基雅维里绝非鼓励任何犯罪行为。政治家是文明的创造者，除非为了公益，他们的野心并无荣耀可言。他以稍带保留的态度，谈论政治活动里适当使用残暴手段的问题。必要使用残暴手段的判断标准是，它不能流于滥用。而且，这种有效性与荣耀伦理的结合，是他极为独特的态度。马基雅维里在一段通常译为"目的合理化手段"的文字中写道："当行为指控他时，行为的结果却应宽恕之。"但他所关心的不是道德的合理化，而是由臣民和史学家所做的适当判断。从这个技术的观点而言，宗教是重要的，因为它可使人勇于献身、强化其德行。马基雅维里以拉丁式风格，强烈反对教士干政，而且时常率直地反对基督教，因它的谦卑论削弱了政府，并阻止严肃的军事狂暴行为。他只赞美现世的英雄而非来生的虔诚奉献者。

没有几个政治哲学家受到像马基雅维里这样强烈的谴责。多年来，人们骂他是地地道道的魔鬼的化身，并把他的名字当做欺骗和狡猾的同义词来使用。其中最强烈的谴责常常出自于把他所倡导的学说付诸于实践的人们之口，马基雅维里可以在理论上证实这种虚伪的行径。

当然，人们根据道德规范批判马基雅维里并不表明他没有影响。更为确切地说，人们对他的影响提出异议是因为他的思想并非格外新颖独特，这种说法有一定的道理。马基雅维里反复重申他并不是提出一种新政策，而是指出自从远古以来许多杰出君王的成功之路。马基雅维里总是引用古代历史或意大利近期事件中生动的例子来说明他的建议。赛萨尔·波吉亚（马基雅维里《君主论》中称赞的人物）没有从马基雅维里那里学到什么策略，反而是马基雅维里从他那里得到了实惠。

本尼托·墨索里尼是曾经公开称赞马基雅维

里的少数几个政治人物之一。毫无疑问，许多杰出的政治人物都认真地读过《君主论》这本书。据说，拿破仑睡觉时把一本《君主论》放在枕头下面。但是，看来还没有明确的迹象表明马基雅维里策略在现代政治中比在《君主论》发表之前更加盛行，这是马基雅维里在本册中名次不高的主要原因。

如果马基雅维里对政治实践影响的程度还没有确定的话，那么他对政治理论的影响是不容置辨的。早期的作家如柏拉图和圣·奥古斯丁把政治学和道德学或神学密切结合起来。而马基雅维里则从纯人性的角度来论述历史和政治。他暗示重要的问题不在于人们应该怎样表现，而在于实际上他们怎样表现；不在于谁应该掌握政权，而在于实际上人们怎样取得政权。今天，讨论政治学说的方式比从前现实得多，这在某种程度上都是由于马基雅维里的影响。他是名符其实的现代政治思想的主要奠基人之一。

现实主义的思想先驱　**马基雅维里**

现实主义的历史功过

任何墓志铭都不足以说明这位人物的伟大。
——引自马基雅维里墓志铭

在人类近代思想史上,马基雅维里可谓是奠定了现实主义政治原则的开山鼻祖,同时也可谓是最具有典型意义的近代市民阶级的人格代表。在他的身上,鲜明地表现出了近代市民阶级的那种政治人格上的两面性。虽然他热爱祖国,崇尚自由,主张实现意大利的统一和建立共和制度,但在个人的实际政治生涯中,他却又不惜以自己的人格和信仰为代价去讨好以美第奇家族为代表的君主专制势力,以图在政界谋

→马基雅维里

得一官半职，从而满足自己的世俗欲望。在政治立场上，他一方面积极地主张建立以政治自由为原则的共和制度，反对教会和君主专制制度，而另一方面却又将祖国的统一寄希望于君主制，并因此而为专制和强权大唱赞歌。

马基雅维里身上所体现出的这种矛盾，集中地反映了早期资产阶级既想依靠君主的力量来摧毁割据各地的教会势力，实现近代民族国家的统一，同时又要求推翻封建专制，实现建立资产阶级自由民主的共和国的愿望。

如上所述，马基雅维里在近代政治思想史上的贡献，在于他第一次将政治哲学的原则建立在人性恶的基础之上，从而实现了政治与道德的分离。西方社会

← 《君主论》书影（英文版）

现实主义的思想先驱　**马基雅维里**

在近代所完成的政教分离，实际上就是对马基雅维里这一政治原则的实践。

简单地说，所谓的现实主义，就是它并不是基于人们在理念上和口头上所宣称的道德原则去立身行事，而是实事求是地根据人们在现实生活中所真正奉行的实际方针来处理问题。

如果要强调道德的意义，则必然要突出人类所特有的诸如像同情心、爱心、互助心和宽容心等迥然不同于动物的属性。在这个意义上，人的社会性又确有它截然不同于动物世界的一面。自人类开始脱离动物界以来，人与人之间的和睦相处，又确是人类孜孜以求的美好理想。古代人曾经把这个理想的实现，寄托

→ 佛罗伦萨韦奇奥宫前的塑像

于国家的向心力，并将其视为政治目的。然而在那种现实社会中，这种理想却又毫无例外地被统治者所亵渎和利用。他们在表面上冠冕堂皇，满口仁义之言，而在背地里却穷奢极欲，极尽荒淫无耻。他们只需要别人克己、奉献和忍让，而自己却巧取豪夺，贪得无厌。在这个意义上，道德已经完全成为了统治者进行社会压迫的遮羞布和愚昧民心的欺骗手段。

←马基雅维里（剧照）

　　传统社会中将政治和道德混为一谈的根本谬误在于，政治本身就是非道德关系的产物，即它产生于人与人之间的利害冲突，特别是像恩格斯所揭示的不可调和的对立面的利害冲突，是在人与人之间的这种利益关系已经无法由社会道德规范调整后而出现的社会现象。这也就意味着，人类社会本身存在着需要用强

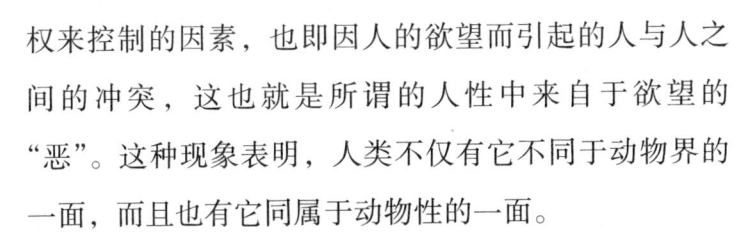

权来控制的因素,也即因人的欲望而引起的人与人之间的冲突,这也就是所谓的人性中来自于欲望的"恶"。这种现象表明,人类不仅有它不同于动物界的一面,而且也有它同属于动物性的一面。

近代社会在政治思想领域里的革命,首先是承认了人的欲望的合理性和平等性,然后又将通过建立一种在人格上体现平等的政治机制,来调节这种因人的欲望而引起的社会冲突和矛盾,并将人的道德生活排除出政治关系之外,这就是人们所说的近代社会的政治世俗化过程。在这个过程中,马基雅维里作为将人性恶的观念引入政治思想领域的先驱,其理论作用是功不可没的。

但是,马基雅维里的伟大,也仅仅在于他在一个历史发展的转折性时期,以自己的方式,直言道出了人类社会中所普遍存在的丑恶的现实,并因此而为人类政治生活模式的设计提供了一个新的基点。他的功绩仅仅在于,相对于传统社会那种以天然不平等的血缘道德为基础的等级社会制度和被统治阶级作为论证其统治地位的合法性的假道学而言,他的言词犹如一把锋利的匕首,无情地割断了传统道德观念与封建政治之间的联系,并剥下了以往蒙在政治舞台上的虚假的面纱。

然而，在人类社会发展的历史长河中，马基雅维里的学说却又决不会是不朽的。尽管时至今日，在人类的社会生活中，现实主义原则仍然是当今世界的普遍通则，贪欲的泛滥和功利性的追求仍然在这个社会占有很大的比重，仍然需要建立在马基雅维里理论基础之上的权力制约，但终究有一天，人类会最终超越其自身的局限性而成其为真正的"人"。而从这个意义而言，马基雅维里在当今人类思想史上的"伟大"地位，也正是对人类整体在道德上自我完善的必然过程的特殊作用，并且是极重要的作用。

← 佛罗伦萨韦奇奥桥

相关链接

盖棺难以定论的马基雅维里主义

马基雅维里主义（machiavelliansm）成为权术和谋略的代名词。它通常分为高马基雅维里主义和低马基雅维里主义。高马基雅维里主义的个体重视实效，保持着情感的距离，相信结果能替手段辩护。大量的研究探讨了有关马基雅维里主义与行为结果的关系。高马基雅维里主义者比低马基雅维里主义者更愿意操纵别人，赢得利益更多，更难被别人说服，他们更多地是说服别人。但这些结果也受到情境因素的调节。

马基雅维里主义在西方是贬义词，是旁门左道的文化支流，一旦谁被冠以"马基雅维里主义者"，谁就名誉扫地。尼克松因"水门事件"之类的阴谋诡计而被称作"马基雅维里主义者"，其政治地位一落千丈，成为美国历史上"最差"的三位总统之一。

马基雅维里主义在人们的眼里已成为不择手段，无视道德而侧重权术与谋略的现实政治代名词，并与传统的理想道德政治相对应，因此，马基雅维里主义往往成为专制独裁者们的最爱，并成为他们肆意奴役民众的理论基础。然而，有趣的是，因马基雅维里主义而毁誉参半的马基雅维里却是一位道德高尚的老牌共和主义者，如果对于马基雅维里的全部政治信念和其人生轨迹进行深入了解的话，我们完全可以得出一些不同的结论，我们可以进一步地认识到马基雅维里主义是其留给世人，特别是人民大众最宝贵的思想遗产。

在近几年来的马基雅维里研究中，他成了近代政治科学、元政治学的"国家有理说"之父，

马基雅维里

现实主义的思想先驱　**马基雅维里**

也是英雄主义道德和近代喜剧之父；他是马基雅维里主义和反马基雅维里主义之父，也是激进的、批判的和自然主义的人文学说之父；他是近代意大利民族主义、共和主义的自由派爱国者和导师，又是独裁制度、专制论的大师；他是败坏信仰的忠实传播者，又是精神大危机的建筑师；他把原罪作了非神学的处理，将政治从神话中解脱了出来；他是人类灵魂的重量级分析家，也是历史现实第一位坞的解剖师；他首先建立了政治合作的理论，发现了政治技巧的弊端；他是"第五纵队"

佛罗伦萨皮提宫

的理论家，又是社会管理学和实用数理生态学的先驱。

　　以上大体算是对他"业务"的鉴定，对他"政治"的鉴定就更为丰富了：他是无神论的、实证主义的、自然主义的、现实主义的、存在主义的、实用主义的、科学主义的马基雅维里；他是基督徒的、原耶稣会士的马基雅维里；他是雅各宾党的、冉森教派的、布尔乔亚的、革命的马基雅维里；他是政治学中的伽利略，是纯政治的英雄般的工艺师；他是强权政治的悲剧诗人，是不管真伪只求精确的语言家；他是异教徒的思想教父；他是……马基雅维里——一个极其难解的谜。

佛罗伦萨韦奇奥宫前的塑像

马基雅维里和近代政治思想史上的革命

> 决定论思想确定人类行为的必然性,……但丝毫不消灭人的理性、人的良心以及对人的行为的评价。
>
> ——列宁

我们在上面曾经谈到,在近代政治思想史中,所谓的马基雅维里主义的革命,就在于他通过将人性恶的概念引入到政治学说领域,从而为建立近代资产阶级政治原则提供了一个新的基点。对于这个问题,可能有的读者会提出疑问说,近代资产阶级政治哲学的基本理念,不是以所谓的"自由、平等、博爱"为基础吗?这个理念和马基雅维里所提出的人性恶的原则具有什么关系呢?

如果要深入地来理解这个问题,则必须要进一步来探讨在近代政治思想史的发展过程中,人性论和自由平等原则之间的逻辑关系这一更具本原性的问题,而且对这一问题的理解,也将使大家能更深刻地洞察到近代资产阶级自由观念的局限性。

从最简单的意义而言，任何一种特定的政治理论的目的，首先是要论证某一个政权模式的合理性，而要说明这个问题，则首先必须要阐明人与政治的关系以及政治的目的是什么——即人类社会为什么要进行政治活动的问题。正如我们在前文中向大家所介绍的那样，古典政治思想家们，是从人类所特有的道德属性出发来展开其理论逻辑的。例如：亚里士多德所强调的人的社会性，指的就决不是简单意义上的人类生存方式上的群体性特征（因为在生存方式的群居性意义上，人类社会与动物界之间并没有本质性的区别），而是指人类能够依据某种特定的道德关系准则理性地组成一个有秩序和有规则的社会，并在这个基础上形成一种特定的人与人之间的关系。

众所周知，所谓的人类道德也不是一个抽象的概念，在人类社会发展的每一个历史阶段中，它都具有其特定的具体内容。在人类从蒙昧阶段进入文明社会

←亚里士多德塑像

现实主义的思想先驱　**马基雅维里**

→ 亚里士多德的手稿

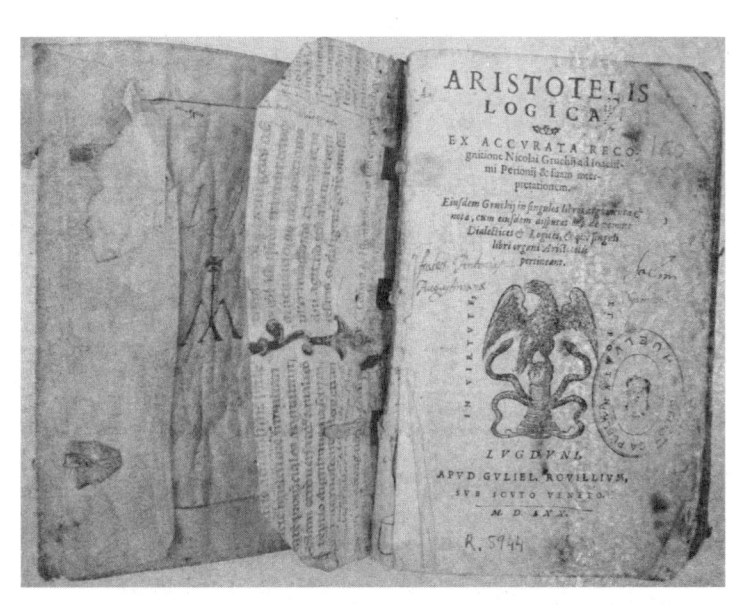

的历史过程中，由于最初将人与人之间联系起来进而组成社会群体的纽带是天然的血缘关系，因而人与人之间的道德意识也首先萌芽于人的这种关系。并且，这种人与人之间以先天的等级辈分做为界定每个人在社会中的特定身分和地位之基准的社会关系，自然要具有一种天然的不平等性（例如：长辈与晚辈间纵向的等级辈分关系和以宗族家长为中心而向外延伸的横向血缘亲疏关系）。在这种血缘关系中，人的道德和血缘伦理观念完全是同一的，而这种不平等的血缘性社会关系，也就构成了此后形成国家的天然基础。当生产力的发展和剩余产品的出现导致了人与人之间的利益分配关系激化，社会依靠传统的道德关系已经无法

调整人们之间的上述矛盾冲突时，国家就应运而生了。当国家产生之后，虽然以国家的"暴力"为基础的法律，成为了调节和控制人与人之间关系的基本手段，但是国家进行立法的基础，统治者仍然将维护上述这种道德关系作为法理上的根据。因此，国家出现以后所形成的法律关系，又不过是此前这种道德关系的延伸形式。两者的区别仅仅在于，前者以社会的强制性为基础，而后者却以个体的自觉遵守为前提，并且后者又为前者提供了其合法性的基础。

正是因为国家在理论上被视为一种维护道德关系的产物，而道德又是人类区别于其它任何一种动物的本质属性和价值所在，因而它才在古代政治思想史上被称为是人类社会中"最高的善业"。

就道德对于人类的社会的功能而言，当每一个社会成员都在内心中认同某种道德规则并恪守基于这种规则而形成的社会关系时，人与人之间自然会处于一种和谐的状态之中。因为道德要求人们不能一味地追求自己的利益，而是要求人们主动地放弃自身的利益并对他人和社会群体做出奉献。因此，道德在主观上通过个体对整体或他人的奉献而给个人带来一种情感上的满足，而在客观上，它则自然形成一种人与人之间相互和谐的人际关系。由此推理，既然国家在理论上是以实现和维护人类的这种道德关系为目的的社会组织，那么，它就有权利将某种道德意识强制性地作为该社会的价值准则，并担负着维护和向社会成员灌输这种价值准则的义务。

由此可见，在理论上将道德视为政治活动的目的，不仅为维护当时那种不平等的以血缘伦理为基础的社会关系在理论上奠定了其合理性的基础，而且也为国家将某种具有特定内涵的道德观念强制性地作为该社会的意识形态，并否定此外任何一种思想观念存在的合法性，也即为国家使用强制性的政治手段对全社会的思想领域进行专制而提供了理论依据。而这种将道德视为国家目的的政治思想之逻辑基础，即是将道德视为人类与动物之间的根本区别基准的人的性本善学说。

在欧洲社会进入中世纪以后，基督教成为了统治者进行思想统治的工具。而从基督教的教义上来看，基督教虽然以人的"原罪说"为其理论的出发点，但它所强调的人类通过在现世生活中经受苦难来赎罪和拯救自己，并依此来获得来世的解脱和幸福的教义，却仍然是一种披上了神学外衣的强调人的道德价值的学说。因为基督教教义在人的苦难是人类所不可摆脱的宿命这一理论前提下，对人的现实幸福生活的否定，

←基督教的兴起与传播

实际上必然造成一种人人都在其自身泯灭了种种现世欲求基础上而逆来顺受地接受"上帝的惩罚"的现实生活图景——从现代人的眼来来看,这对于每个人的现世生活而言,无疑是非常残酷的,但生活在当时的人们却将其视为自然而情愿如此。因此,它也自然会形成一种人与人之间没有争斗的、彼此和谐的社会关系——仅就人与人之间的和谐关系而言,可以说它实现了一种符合人类的群体和谐意义的道德关系——而这就正好为维持这种关系的公共权力在道德意义上的合法性奠定了基础。

不仅如此,只要对传统基督教稍有一点了解的读者,恐怕都知道《圣经》上的这样一句格言:"当别人打你的左脸的时候,你不但不应还手,而且还应递上你的右脸。"这一劝戒意味着,人与人之间不仅应该互

←希腊文化与基督教文化（镶嵌画）

相宽容和忍让，而且还应以"勿抗恶"的方式来感化施恶的一方。这也就是说，在中世纪被作为官方意识形态的基督教的道德准则，不仅要人们放弃其自身的欲望和利益追求，而且还要求人们以作为恶的牺牲品的方式，来实现更高的一种道德意义上的"善"。

同古代社会一样，在中世纪，人的政治生活、思想生活以至情感生活也完全是被置于公共权力的控制之下的，所谓的"政教合一"制度，就是将人的世俗生活（它主要是指人在现实社会中的经济生活和政治生活）和人的思想生活（它主要包括人的道德情感活动和对世间万物的认识活动）合为一体作为政治统治的对象，而作为论证这种统治的合理性的政治思想的理论基础，则是将道德视为政治之目的的原则。

近代资本主义生产关系的兴起，导致了人类社会中个体的独立和解放。冲破了传统宗法血缘关系的个

人，在社会中获得了人格上的平等地位。但是，对于每个人的现世生活而言，这种人格意义上的平等地位，主要是作为他在社会中为实现其个体利益而进行平等竞争的一种手段而具有意义的。正如我们在前文中所指出的那样，近代意义上的人的自由和解放，决不是一个抽象的价值理念。在现实的资本主义生产关系中，它不仅意味着个体的人格尊严和思想的独立性，而且更意味着个人利益的实现和满足的合理性。当人们纷纷为了实现其自身的利益要求而在社会中展开竞争活动时，面对有限的价值分配，人与人之间自然要形成一种彼此对立和冲突的社会关系。在这种新的社会关系中，与传统社会那种强调人与人之间的奉献、互助和宽容的道德观念相反，近代社会出现了功利主义的新道德观。这种道德观的逻辑起点，首先是承认人与人之间竞争关系的合理性。因为它认为只有人与人之间的竞争才能真正推动社会的发展，而社会的发展又必然会给全社会的成员都带来福利——人与人之间的竞争也因此而获得了它在道义上的合理性。

在功利主义前提下的这种新的道德法则，不是强调人与人之间的和谐与互助关系，而是主张在竞争活动中必须遵守规则和履行诺言。建立在近代资本主义生产关系之上的民主制度，也正是将这种新的道德原

则作为其政治哲学的理论基础。

当我们再进一步探讨近代功利主义道德观与人的自由原则之间的逻辑联系时，则可以看到近代意义的"自由"概念中所蕴含着的矛盾。人们追求自由所带来的结果，一方面是推动了社会的前进——这属于自由的积极的一面，而另一方面却又将人与人之间置于普遍对立和冲突的状态之下，并且在这种人与人的竞争关系之中，人们考虑的是如何来实现自己的利益，满足个人的欲望，而很少或者根本不去考虑他人或整体的事情——从传统的道德观念来看，这显然是一种人性的倒退或是堕落。

但是，作为近代资本主义民主政治制度的理论基础的自由观念，在展开自己的逻辑时，并没有回避自由在这个意义上所延伸出来的这种道德矛盾。因为它首先就断言，政治和传统意义上的道德根本就不可同日而语，两者完全是不同领域的事情。政治就是人类社会为争夺权力而进行的斗争，人们争夺权力的根本目的，就是为了实现自己的利益。并且追求自己的利益又是每个人无可非议的、最基本的"天赋权利"。

正是从这一基点出发，近代民主政治制度从建立伊始，首先就以政教分离为原则，也就是说，它不允许传统的道德生活进入政治领域，并且放弃了过去的

国家权力将某种道德原则作为官方意识形态而以强力进行推行和灌输的作法，而代之以信仰自由和价值选择的多元化原则。这也就是说，近代西方社会将政治与道德分离开来，意味着它认为道德是纯属于人的情感领域中的事务，人类的这种道德情感需求尽可以在宗教中得到满足，但道德和宗教却绝对不能取代人与人之间的现实社会关系，更不能代替和统治政治。因为政治和道德、宗教在本质上是不可兼容的。

　　近代政治原则所做出的这一选择，不仅来自于它对政治与道德之间的本质区别的认识，而其更重要的原因，是在于封建社会将道德作为政治的目的之背后所隐藏的社会道德生活的虚伪性。正因如此，近代政治学说在展开其逻辑时，就彻底地将传统意义上的道

←《圣经》

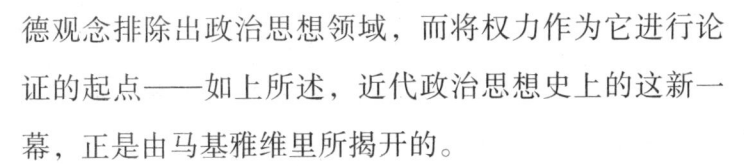

德观念排除出政治思想领域,而将权力作为它进行论证的起点——如上所述,近代政治思想史上的这新一幕,正是由马基雅维里所揭开的。

然而,马基雅维里所揭开的,又并不仅仅是人类政治思想史上的新的一幕,在更深刻的意义上,他揭示出了近代自由理念所蕴含的悖论。如果按照近代以来的那种通常的说法,自由对于人的价值,在于它是一种专属于人类所特有的本质属性的话,那么,当人类为追求这种自由而造成了人类道德观念的失落时,是否可以说这种失落是人类社会发展过程中的必然现象呢?难道人类必须要以道德失落为代价才能推动社会的发展和历史的前进吗?

对此,黑格尔曾经用一种充满着辩证法和历史感的口吻回答说,道德的异化将是人类发展过程中所必须要付出的代价,而道德的复归,又将是人类社会发展的必然归宿。如果从这个角度而言,也许可以将近代政治与道德的分离,视为一个巨大的历史进步,将法治对德治的取代,视为人类政治文明的产物。但是,当我们看到近代以来的人们在自由的旗号下为满足个体的欲望而忘我地进行角逐,而其道德意识却愈来愈萎缩,以至它只能在宗教的一隅中才能找到自己的归宿时,又身不由己地感到一种道德情感上的焦虑和困

惑。按照黑格尔式的逻辑，尽管可以说这是一种缺乏历史理性精神的感怀，但是这种疑问和感情又是如此的真实和强烈，以至于我们不得不进而思考人类本身所具有的局限性——在这个意义上，马基雅维里正是一个深刻地洞察和揭示了人类自身弱点并从而为人类以进一步的自觉发展克服这种弱点奠定基础的　天才。

←黑格尔

相关链接

马基雅维里的历史评价

马基雅维里批评以往的作家谈论政治时只涉及理想的与想象的国家,他宣称自己所处理的政治问题是具实效的真理。处于深思市民人文精神传统的马基雅维里,极度关切城市的宪政体制以及英雄人物的光荣事迹。他对这个时期之苛酷现实作风的贡献是,他认识到具有政治家情操的英雄不必千篇一律遵循基督教的道德蒙诫,实际上某些老套的道德格言压抑君王的结果却极可能直接导致其毁灭。他辩称,一个君王因此必须明了如何不为善,并且顺势运用这种认识。此外,他认为,正在巩固其权力的君王必须知道怎样支配人们的想象力。鲍吉亚即能达到此境界,马基雅维里服职于佛罗伦萨共和国时曾与他交涉过。鲍吉亚曾派遣手下将领欧柯以必要的残酷手段,镇抚新近征服的罗曼迦那,然后他差人杀了欧柯,使之尸体身首异处,弃置于席塞那广场。此举是为了安抚当地的怨尤之声,而且无疑也想操纵人们的想象力。有人常说，马基雅维里相信私人的道德生活和政治家的道德是两回事。然而，尽管他有犬儒的风格，但他对善恶率直认定的断然态度却绝不摇摆不定。统治者并未被赋与一种不同的道德原则，只是统治者被解释为道德本身的守

《道德情操论》书影

现实主义的思想先驱　马基雅维里

护者，而于必要时得以侵犯道德规范。

　　写作《论李维著罗马史前十书》这一面的马基雅维里鲜为人知，却更历久弥新。在此书中我们发现一种社会冲突理论：人们相互斗争竟使国家保持统一，避免崩溃的趋势。他留传给后代思想家一个古典的理念，即任何持久的政体必须在君主、贵族、民主三种要素之间维持平衡。创造以及维系一个在市民公共领域中超越私人与家族偏执的国家，虽是人类的最高成就，却有其终局的恶运。因为国家创造和平，和平带来繁华，当人们逐渐习惯繁华与和平的日子，他们便丧失公德，放纵私人的情欲。用马基雅维里的话说，自由屈服于腐化。这个强调公民参与的传统，甚至在近代早期欧洲的绝对君主政体中亦未曾断绝，而从法国大革命时代开始即成为主流。它构成现代所谓"民主政体"的许多内容。

　　然而，在通俗的想象中，马基雅维里总成为以操纵取乐的代言人，及最善于描绘权谋的作家。许多革命冒险家从他那里找到遁词以掩饰他们本能的行为倾向。当社会心理学家在制作问卷测量人格的操纵倾向时，也借鉴了马基雅维里的这个角色。

如果我们对于马基雅维里的生平和其整个政治理念有一个全面的了解，那么我们必然会认识到那些对于马基雅维里的指责完全是片面的。在了解学习之前我们首先必须清楚马基雅维里追求的是什么，他的思想理念是什么。马基雅维里处于强者为尊的时代，实力就说明一切，各个封建诸侯和国君们使用权谋和诈术来拼命扩展自己的利益，而另一方面大众却如群氓一样被人轻易操控反复无常。而共和派人士一次又一次地建立共和政体的努力却一次又一次地在强权的打压之下失败。在这种背景下，马基雅维里怎么可能指望那些人创造历史？他又如何把希望放在一次又一次背弃他们那些共和主义者的人民身上？在那种情况下，依赖强有力的君主，利用强有力的权力和权谋来统一他心爱的祖国，是他唯一现实的选择。在那种情况下，作为达成目的的手段孕育而生。他声称这是一本献给君主的宝书，他也因此背上马基雅维里主义的恶名。

但是我们必须注意一点，那就是马基雅维里到底在追求什么？他所追求的东西从来就没有变

现实主义的思想先驱　马基雅维里

过,一个共和制的统一的祖国。无疑要达到这个目的则必须使用现实的政治权术,而不是那些理想的政治道德。实际上我们必须清楚,虽然马基雅维里主义是现实政治权谋的代名词,但是并不意味在之前这些东西就不存在。实际上,这些东西一开始就与人类的政治生活密不可分,只是没有人愿意也没有人有勇气把这些东西暴露在光天化日之下。因此,与其说是马基雅维里发明了马基雅维里主义,不如说其毫不留情地撕下了那些统治者的遮羞布,使得他们丑恶的面容暴露在世人面前。为此,我们有理由赞同卢梭的说法,"马基雅维里自称是在给君主讲课,实际上他是在给人民讲课,告诉他们是被怎样的人所统治,实为共和党人的宝书"。当那些君主奴役人民的手段和他们那恶劣的本性暴露在人民之前时,当人民有充分的觉悟之时,也可以在马基雅维里的指导之下去追求他们的自由与权利。

在理想与现实的冲突之间

> 如果有人说,善推动着历史的发展时,他无疑说出了一个真理,但当他说,恶是推动历史发展的动力时,他就说出了一个更为深刻的真理。
> ——黑格尔

> 虽然表面上是在向君主进言,但实际上,马基雅维里给予人民以伟大的教益。他的《君主论》,是共和主义者的教课书。
> ——卢梭

如上所述,马基雅维里在人类政治思想史上的贡献,在于他将理想主义排除出政治原理之外,并由此而奠定了近代政治原则的现实主义基础,从而揭下了此前一直遮盖在政治

← 马基雅维里

现实主义的思想先驱　马基雅维里

→马基雅维里

生活上虚伪的道德面纱——如果更深刻地说，他实际上是通过这种方式，揭示出人与人之间关系中丑恶的一面。因为所谓的现实主义原则，从其最根本的含意而言，无非就是功利主义的代名词。它意味着，人们在处理彼此之间的利益关系时，不是以对方的利益为出发点，而是将对方作为实现自己目的的手段。而理

想主义则恰恰相反，它所追求的是一种道德价值，即它要求人们在处理人与人之间的利益关系时，首先考虑的不是个体自身的利益，而是对方或整体的利益。古往今来，虽然以理想主义作为自己立身行事的价值准则的圣贤之士不乏其人，但在整个人类历史的长河中，这种理想主义式的人物毕竟又仅仅是沧海一粟。然而，从根本的意义而言，人的道德属性，毕竟又是人类区别于动物界的最终分野，因而人类才具有对理想的追求和实践。也许对于人类而言，理想和现实之间将永远具有一定的距离（英文中的 UTOPIA 这个词本意就表示不存在和空想的意思），但这又不意味着理想对于人类的虚幻性。

传统社会直接将理想的道德作为现实政治之目标

← 佛罗伦萨韦奇奥宫门前的雕塑

现实主义的思想先驱　**马基雅维里**

佛罗伦萨韦奇奥宫

的教训是发人深省的,因为它忽视了人类自身所具有的动物性和道德性并存的双重特征,并且又混淆了政治活动的本质属性。马基雅维里曾经在他的《君主论》中大声地疾呼:"道德是以实力为基础的!"这是一句十分朴素的语言,却说出了一个含意深刻的哲理。这与我们所说的"衣食足而知荣辱,仓廪实方讲礼节",及"落后就要挨打"等表达是同一个意思。它揭示了人类的道德意识与人类得以存在的物质基础之间所具有的辩证关系。这样一来,人们也就可以将自己的功利性活动解释成是他为了实现其道德追求的前提性手段,也就是说,道德与功利之间的辩证关系,又赋与了功利主义和现实主义以道义上的合理性。

如果再依此进行推论的话,则又可以将人与人之间为了实现其功利性目的所造成的社会关系中的"恶"视为一种为了实现"善"所采取的手段。黑格尔曾经将人类社会发展过程中的这一现象称之为"理性的诡计"。他的意思是说,理性总是以曲折的形式,通过人类历史来实现其最终目的。但是,这种将恶视为善的手段性前提的逻辑,必须要在人类将对道德理想的追求视为历史发展和社会生活的最终目标的前提下,才可能具有其真实的价值意义。而这也正是理想主义对于人类来说是一种绝对不可缺少的价值追求的必要性

所在。

尽管马基雅维里个人是一个不具备上述这种道德理想的现实主义者，但在他的思想中，深深地浸透着近代市民阶级的气息。他渴望权力，却并不是要通过权力来实现一种崇高的道德理想；他企盼自由，但又不过是为了利用它来满足自己的世俗欲望。可以说，作为一个具有典型意义的近代资产阶级的人格化代表，他反映了他所生活的那个时代的精神。而现实主义在今天的历史作用，却又标志着马基雅维里的时代仍然没有结束。

应该说，马基雅维里以其恶政理论引发了人们对恶的觉醒。这一觉醒为政教分离、权力制约及"三权分立"奠定了理论基础，而这些所谓"分离"、"制约"、"分立"，又是人们出于求善抑恶的目的所采取的，已在现实中证明为正确选择的必要的、历史性的措施。这是人类历史发展过程中的一个关键性的转折和否定。转折的功绩是多方面的、综合的，转折的过程是漫长、曲折、复杂的，但转折是为了再转折，否定是为了再否定，人类社会最终还是要趋向它的真正道德理想。这就是历史的辩证法。

相关链接
XIANGGUAN LIANJIE

马基雅维里时代的思考者

尼科洛·马基雅维里是文艺复兴时期的巨人之一,很难用一个恰当的称谓来界定他,威尔·杜兰在其大部头的《文艺复兴》中为他留下一个章节,开首即说:"有一个人始终不易予以分类,他是外交家、历史学家、戏剧家、哲学家。"可是,如果我们不拘泥于这种传统分类,或许能看得更清楚,他是那个时

← 马基雅维里

代最敏锐的思考者，是燃烧着崇高理想的爱国者，是佛罗伦萨的伟大公民。

佛罗伦萨是个内陆型城邦，没有出海口，可是它仍然极其富裕和繁荣，因为在13世纪末，佛罗伦萨的商人和银行家们控制整个欧洲的银行业，这些金融投资所得到的回报，被用来进行城市的工业化建设。

然而，经济并不能为这座城市带来安宁，因为它没有由自己的国民组成的军队，它的军事力量和那些统一了的君主国家相比太过羸弱。更何况在意大利半岛上，存在着罗马教皇国、那不勒斯王国、米兰公国等城邦之间的相互角力。这种分裂状态为外邦的入侵创造了条件，正因为如此，马基雅维里渴望统一的意大利，极力抨击雇佣军制度。马基雅维里之所以对城邦军事力量的重要性异常强调，是源于在佛罗伦萨共和国时期"十人委员会"中的任职经历，是源于造访欧洲各国以及意大利的各个城邦的切身体会，他深刻领会到弱国无外交。佛罗伦萨的历史证明，他是对的，外国入侵的破坏性要比其他因素重得多。

如果不了解佛罗伦萨的历史，不了解马基雅

维里的心情，也就无法理解他在《君主论》和《论李维》中所要表达的观点了。对他来说，一切能使佛罗伦萨免于侵略、使意大利统一的制度和办法，都是正确的。正是基于这些标准，马基雅维里的政治哲学从根本上来说，是现实主义的和权术论的，这和传统的神学政治哲学与伦理政治哲学完全不同，因为从阿尔昆到马西利乌斯，都鼓吹统治者的行为应该符合伦理和基督教义的标准。

从此，马基雅维里开创了一个研究政治独立运行规律的哲学。按照斯宾诺莎的评价，那是对近代政治思想史上的古典学说最为敏锐、最有助益的修订。

但是，人们仍然对马基雅维里为什么在《君主论》中鼓吹君主制，教导君主如何不择手段地获得权力，而在《论李维》中又鼓吹共和制，教导君主应该如何明智地放权感到不解。其实，这之间并不矛盾，一个是建立统一的国家所需要的，一个是维持稳定的国家所需要的；一个是应对国家处于危难之际所需要的，一个是国家处于安全状态所需要的。归根结底，无论是君主制或是共

现实主义的思想先驱　马基雅维里

和制，必须要有利于国家的统一和强大。

他在《君主论》的末章末段中引用彼特拉克的诗句，"因为古人的勇气，在意大利人的心中至今没有消亡"。他所指的古人正是古罗马人，他所指的勇气是统一意大利的战斗勇气。如果说，在《君主论》中他说得还不够明确，那么《论李维》则流露无遗，他赞扬罗马建国者们的风范和智慧，把罗马从君主制转为共和制，他赞扬罗马人的机智和聪明，设立独裁官应付外邦的进攻。

马基雅维里的这种爱国情怀，同样体现于他对正义和宗教的观点上。他承认西赛罗所言的正义，承认正义是一项美德，符合正义就是不要对别人的权利进行危害，但是他认为正义并不会对共同利益有所增进，并不会为共和国带来安全和统一，所以在《论李维》中他不去分析正义，而是说，"在战争中运用欺诈是件光荣的事"，"保卫祖国应当不计荣辱，不择手段"。虽然他是个无神论者，但对于宗教他是承认的，并且认为对国家的统一颇有益处。

文艺复兴时期的诸多学者们大多只是反对基督教的神学内容，对其伦理教导并不反对，而他则既反对神学部分，更反对伦理部分，而且厌恶罗马教廷，原因很简单，因为基督教的神学部分如果只被认为是谬误的话，那么伦理部分则让罗马帝国的后人变得温顺孱弱、谦卑盲从，而罗马教廷则更是意大利分裂的原因之一。

1527年，查尔斯五世率领西班牙军队洗劫罗马。这一年，文艺复兴算是结束了；这一年，佛罗伦萨恢复了共和国；这一年，马基雅维里凄惨去世。1787年，在佛罗伦萨的一座教堂才有了他的纪念碑，而在1870年，他的梦想才由加富尔实现。在他的梦想和实现之间，横跨的是将近400年的历史长河，是他永不褪色的爱国热情。

佛罗伦萨